[제2판]

예비 유아교사를 위한

현장실습 가이드북

오정희 · 신세니 · 양혜련

KNOWLEDGE COMMUNITY 공동체

Preface

유아교사의 꿈을 꾸며 양성과정에 입문한 학생들에게, 현장실습은 자신의 가능성을 발견하게 해 주는 계기가 되기도 하지만 때로는 그 꿈을 접고 싶을 만큼 좌절을 맛보게 하는 경험이 되기도 합니다. 차근차근 준비과정을 거쳐 오랜 시간을 보낸 학생들이 교사가 되기 위한 마지막 관문인 현장실습 앞에서 많은 고민과 두려움을 쏟아낼 때면, 이들에게 현실적인 도움을 주고 싶다는 마음이 간절했습니다. 이미 경험한 자의 입장에서 들려주는 이야기들로 이들의 불안함을 조금은 잠재울 수 있겠지만, 예비 유아교사들에게는 무엇보다 현장실습과 관련된 실제적이고 정확한 정보와 지침을 안내해 주는 것이 가장 필요해 보였습니다. '아는 것이 힘'이라는 명제가 참이기를 믿으면서 말입니다.

이러한 저자들의 소박한 마음으로 시작된 이 책은, 조금 더 알찬 내용들로 보완하고자 개정판을 내게 되었습니다. 예비 유아교사들이 현장실습에 임하게 될 유아교육 현장을 먼저 이해하고, 유아교사 양성과정을 무사히 이수하기 위한 기준들을 파악한 후, 유아교육기관에서의 현장실습 실제를 준비해 보는 순으로 현장실습 전반에 대해 익혀나갈 수 있도록, 이 책은 크게 3부로 나누어 총 13개의 장으로 구성하였습니다.

1부 '유아교육기관 현장 이해'에서는 유아교육 및 보육의 동향과 전망, 유아교육기관의 유형, 유아교육기관별 원아모집 및 선발시스템, 유아교육기관의 학급편성, 유아교육기관의 일과 운영, 그리고 유아교육기관의 교직원 구성 및 현직교육에 대한 내용을 담아 유아교육기관 현장에 대한 기본적인 이해를 다질 수 있도록 하였습니다. 그리고 유보통합을 비롯하여 유아교육계의 변화와 그로 인한 이슈들도 생각해 볼 수 있는 부분들도 포함하였습니다. 2부 '유아교사 양성과정의 이해'에서는 유아교사의 유형과 양성과정, 현장실습의 유형과 법적 기준, 그리고 현장실습을 위한 유아교육기관 탐색 관련 내용을 수록하여 유아교사 유형에 따른 현장실습에 대해 안내하고자 하였습니다. 특히 유아교사의 질적 수준 향상에 대한 유아교육 안팎의 요구는 현장실습의 중요성으로 연결되고, 이는 곧 현장실습 이수 조건의 강화로 이어져 현장실습의 법적 기준이 지속적으로 개정된바, 이러한 내용을 놓치지 않도록 노력하였습니다. 3부 '유아교육기관 현장실습의 실제'는 현장실습을 준비하는 예비 교사들에게 실용적인 교재가 되었으면 하는 바람을 담아, 현장실습의 기초, 현장실습의 실제, 현장실습의 문서 실무, 그리고 현장실습의 평가에 대한 장들을 포함하였습니다.

여러 예비 유아교사들이 현장실습에 대한 이론적 지식 습득에서부터 보다 준비된 자세를 갖추게 되기까지, 부족하나마 이 책이 좋은 안내서이자 교재가 되었으면 합니다. 모쪼록 모든 예비 유아교사들의 현장실습이 성공적으로 마무리되는 데 도움이 된다면 좋겠습니다.

마지막으로, 개정판 작업에서도 저자들과 같은 마음으로 촘촘히 읽고 고치며 출판과정 내내 힘써 주시고, 때론 저자들보다 앞서 예비 유아교사들에게 필요한 부분들을 제안해 주시는 공동체 출판사의 모든 분들께 감사 인사를 드립니다.

2025년 11월

저자 일동

Contents

PART 01

유아교육기관 현장 이해

Chapter 1

유아교육 및 보육 동향과 전망

학습주제

1. 유아교육 및 보육 동향
2. 유아교사직 전망

1. 유아교육 및 보육 동향

현재 저출산과 고령화는 전 세계의 당면 과제이다. 우리나라는 저출산 및 고령화 사회로의 전환에 따른 문제와 원인을 파악하는 가운데 출산과 양육에 대한 책임을 가정과 국가가 함께 분담하려고 노력하고 있고, 저출산 극복이 국가정책의 주요한 과제로 부상되고 있다. 그러나 2005년에 대한민국은 OECD 국가 중 출산율이 가장 낮은 국가가 되었다. 2018년 합계출산율은 1.0명 미만인 0.98명으로 떨어졌으며, 이후 지속적으로 하락하여 2023년에는 0.72명에 그쳤다. 2024년에는 합계출산율이 0.75명으로 조금 상승하였으나, 다른 선진국과 비교하였을 때 여전히 낮은 수치이므로 국가경쟁력 관련 우려가 큰 상황이다.

〈표 1-1〉에서 보는 바와 같이, 2020년의 전국 출생아 수는 272,337명, 합계출산율은 0.84명이었다. 이 수치는 2023년까지 점차 줄어들었다가 2024년에 조금 반등하였다. 전국에서 출생아 수와 합계출산율이 가장 낮은 곳은 서울특별시이며, 반대로 가장 높은 곳은 세종특별자치시이다. 경남지역의 합계출산율은 전국 평균보다 조금 높은 것으로 나타났다.

〈표 1-1〉 전국 및 경남의 출생아 수 및 합계출산율의 연도별 추이 (단위 : 명)

연 도	출생아 수				합계출산율			
	전국	서울	세종	경남	전국	서울	세종	경남
2020	272,337	47,445	3,468	16,823	0.84	0.64	1.28	0.95
2021	260,562	45,531	3,570	15,562	0.81	0.63	1.28	0.90
2022	249,186	42,602	3,209	14,017	0.78	0.59	1.12	0.84
2023	230,028	39,456	2,761	13,049	0.72	0.55	0.97	0.78
2024	238,300	41,600	2,900	13,100	0.75	0.58	1.03	0.82

출생아 수(명)

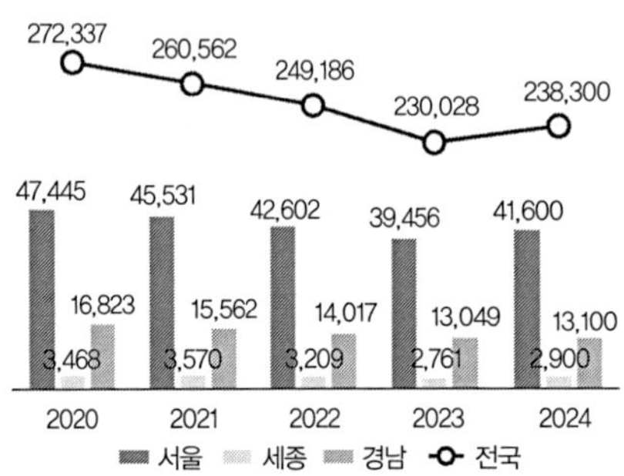

합계출산율(명)

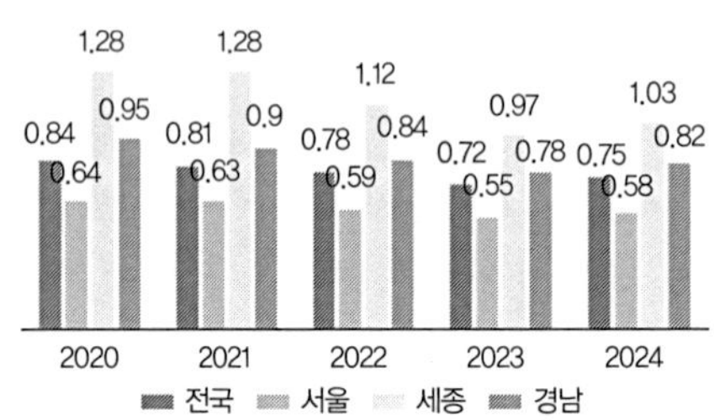

출처 : 통계청, 국가통계포털(kosis.kr).

유아교육 취원율 통계에 따르면, 2020~2024년 전국 유아교육 취원율은 최저 91.5%에서 최고 94.3%로, 만 3~5세 유아 열 명 중 아홉 명 이상은 유아교육기관을 이용하고 있음을 알 수 있다. 기관 유형은 어린이집보다 유치원에 조금 더 많은 유아가 재원하고 있는 것으로 나타났다.

〈표 1-2〉 전국 유아교육 취원율의 연도별 추이 (단위 : %)

구 분	2020	2021	2022	2023	2024
전 체	91.6	93.5	94.3	94.3	94.1
유치원	48.7	50.1	52.7	54.8	56.3
어린이집	42.8	43.5	41.7	39.9	37.8

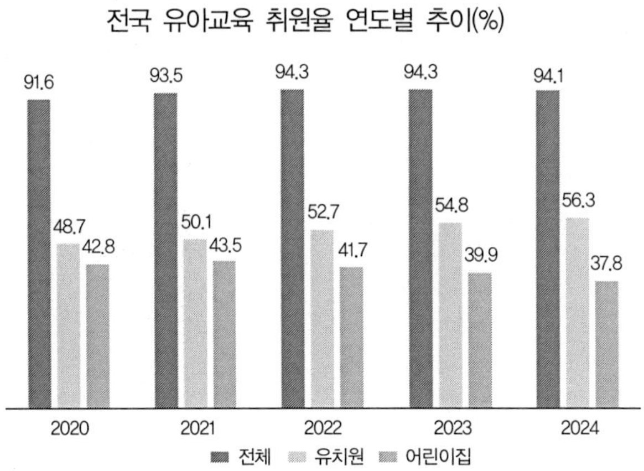

출처 : 통계청, 지표누리(www.index.go.kr).

1) 유아교육 동향

유아교육기관 중 유치원의 전망과 동향을 분석하기 위해 최근 5년간(2020~2024년) 설립별 유치원 수(표 1-3), 지역별 유치원 수 및 원아 수(표 1-4)를 제시하였다. 유치원 전체 기관 수는 2020년 8,705곳에서 2024년 8,294곳으로 매년 감소하고 있으며, 감소세는 공립유치원보다 사립유치원에서 뚜렷하게 나타났다. 유치원의 감소세는 서울, 경남 모두 비슷한 상황이지만, 세종시는 원아의 수가 감소하고 있음에도 불구하고 유치원 수가 매년 꾸준히 늘어나고 있음을 알 수 있다.

〈표 1-3〉 설립별 전국 유치원 수 (단위 : 개)

구 분	2020	2021	2022	2023	2024
국립유치원	3	3	3	3	3
공립유치원	4,973	5,058	5,113	5,130	5,105
사립유치원	3,729	3,599	3,446	3,308	3,186
전 체	8,705	8,660	8,562	8,441	8,294

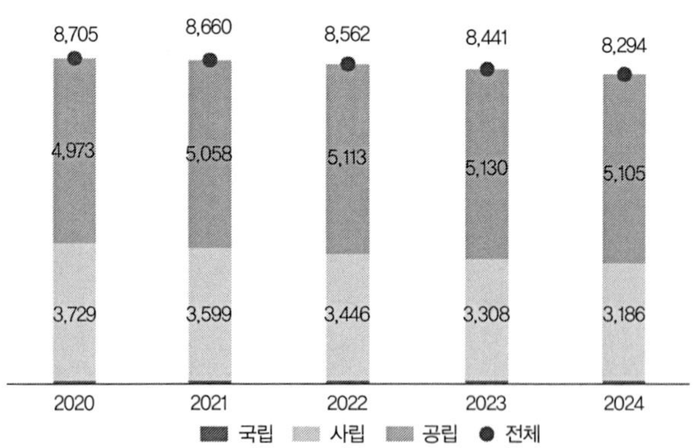

출처 : 한국교육개발원, 교육통계서비스(kess.kedi.re.kr).

〈표 1-4〉 지역별 유치원 수와 원아 수

연도	유치원 수(개)				원아 수(명)			
	전국	서울	세종	경남	전국	서울	세종	경남
2020	8,705	795	61	686	612,538	74,657	6,763	47,191
2021	8,660	787	62	683	582,572	69,958	6,600	45,144

2022	8,523	772	64	682	562,747	67,464	6,592	42,962
2023	8,405	764	65	662	529,282	63,778	6,303	40,065
2024	8,280	751	67	658	504,924	61,608	6,079	37,301

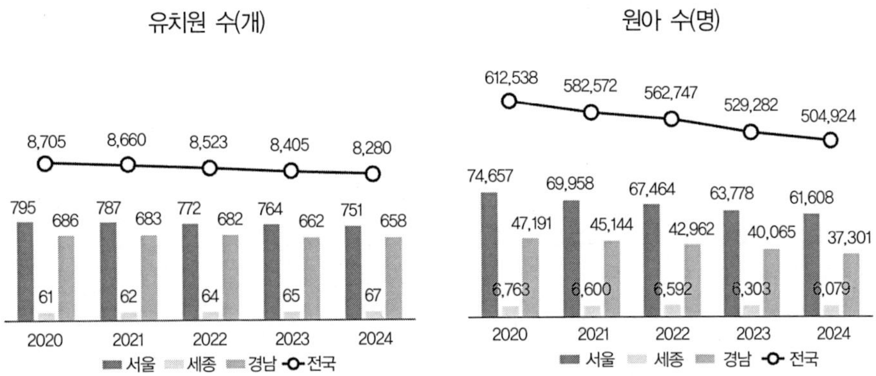

출처 : 통계청, 국가통계포털(kosis.kr).

2) 보육 동향

유아교육기관 중 어린이집의 전망과 동향을 분석하기 위해 최근 5년간(2020~2024년) 설립별 어린이집 수(표 1-5), 지역별 어린이집 수 및 원아 수(표 1-6)를 제시하였다. 어린이집 전체 기관 수는 2020년 35,352곳에서 2024년 27,387곳으로 매년 감소하고 있으며, 감소세는 사회복지법인 어린이집, 법인·단체 등 어린이집, 민간 어린이집, 가정어린이집, 협동어린이집 등에서 뚜렷하게 나타났다. 어린이집의 수와 어린이집에 다니는 원아의 수는 지역에 상관없이 모두 감소하고 있음을 알 수 있다.

〈표 1-5〉 설립별 전국 어린이집 수 (단위 : 개)

구 분	2020	2021	2022	2023	2024
국 · 공립어린이집	4,958	5,437	5,801	6,187	6,521
사회복지법인어린이집	1,316	1,285	1,254	1,206	1,171
법인 · 단체등어린이집	671	640	610	551	507
민간어린이집	11,510	10,603	9,726	8,886	8,181
가정어린이집	15,529	13,891	12,109	10,692	9,586
협동어린이집	152	142	132	124	116
직장어린이집	1,216	1,248	1,291	1,308	1,305
계	35,352	33,246	30,923	28,954	27,387

〈표 1-6〉 지역별 어린이집 수와 원아 수

연도	어린이집 수(개)				원아 수(명)			
	전국	서울	세종	경남	전국	서울	세종	경남
2020	35,352	5,370	350	2,544	1,244,396	196,260	15,349	84,337
2021	33,246	5,049	343	2,357	1,184,716	182,922	15,248	78,004
2022	30,923	4,712	327	2,123	1,095,450	167,427	14,927	68,841
2023	28,954	4,431	314	1,904	1,011,813	155,251	14,131	59,419
2024	27,387	4,212	305	1,723	941,303	143,413	13,192	53,139

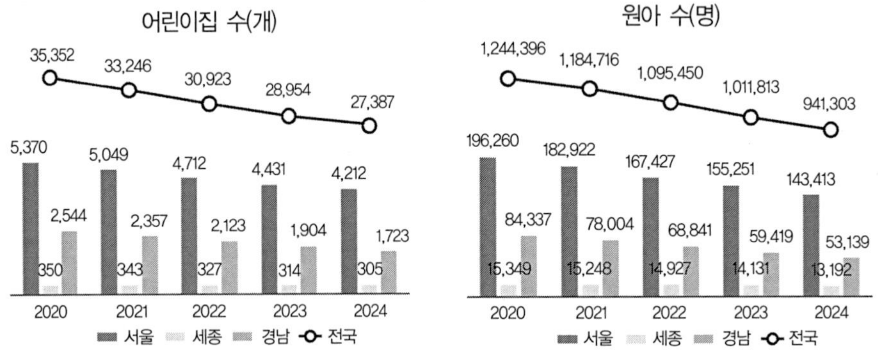

출처 : 보건복지부(2021b~2024); 교육부(2025b).

한편 국·공립어린이집과 직장어린이집의 수는 전반적으로 증가세를 보였다. 2017년 7월「문재인 정부 국정운영 5개년 계획」발표 후 공보육 확충을 목표로 정부는 국·공립어린이집 이용률을 40% 이상 달성하고자 노력하였다. 이에 따라 정부는 2019년부터 500세대 이상 아파트 건설 시 국·공립어린이집 설치 의무화 등으로 매년 450개소 이상의 국·공립어린이집 확충 계획을 발표한 후 이를 실행하고 있다. 그리고 직장어린이집 설치 기준 강화 규정에 따라 직장어린이집 또한 증가하고 있으며, 학부모 만족도는 국·공립어린이집을 상회하는 수준을 보이고 있다.

2. 유아교사직 전망

영유아 무상교육 및 저소득층 유아에 대한 교육비 지원, 종일반 운영지원 등 유아교육 및 보육 분야에 대한 국가적 지원이 계속 확대되고 있어 전문적인 능력을 갖춘 유아교사에 대한 수요는 어느 정도 유지될 것으로 예상되는데, 취원율 증가가 이를 뒷받침해 준다. 어린이집과 유치원에 다니는 만 3~5세 유아의 유아교육 취원율은 2022년 이후 94%가 넘는 매우 높은 수치가 유지되고 있다. 이와 관련하여 유아교사의 처우 개선과 유아교육 전반의 질 향상을 위해 교사 한 명이 지도하는 영유아 수를 감소시키려는 노력 또한 지속적으로 이루어지고 있으므로, 향후 유아교사직의 근무 여건 또한 계속 발전할 전망이다.

1) 유치원교사 전망

최근 5년간 전국 및 경남지역 유치원 수, 아동 수, 교사 수 및 교원 1인당 아동 수는 〈표 1-7〉과 같다. 인구 및 출생아 수 감소와 같은 사회적 변화 요인에 따라 유치원 수와 유치원 아동 수는 전국 및 경남지역 모두 감소 추세를 보이는데 반해, 유치원 교사 수는 전국, 경남지역 모두 점진적으로 증가하고 있음을 알 수 있다. 이러한 유치원 교사의 수는 증가하나 원아의 수는 감소하고 있어, 교원 1인당 원아의 비율은 점차 낮아지고 있다. 이는 유치원 교육여건이 개선되고 있음을 의미하는 것으로 볼 수 있다.

〈표 1-7〉 전국 및 경남지역 유치원 현황의 연도별 추이

연도	유치원 수(개)		유치원 아동 수(명)		유치원 교사 수(명)		교원 1인당 아동 수(명)	
	전국	경남	전국	경남	전국	경남	전국	경남
2020	8,705	686	612,538	47,191	53,651	4,080	11.0	11.6
2021	8,660	683	582,572	45,144	53,457	4,051	10.5	11.1
2022	8,523	682	562,747	42,962	55,247	4,189	10.2	10.3
2023	8,405	662	529,282	40,065	55,723	4,309	9.5	9.3
2024	8,280	658	504,924	37,301	55,833	4,336	9.0	8.6

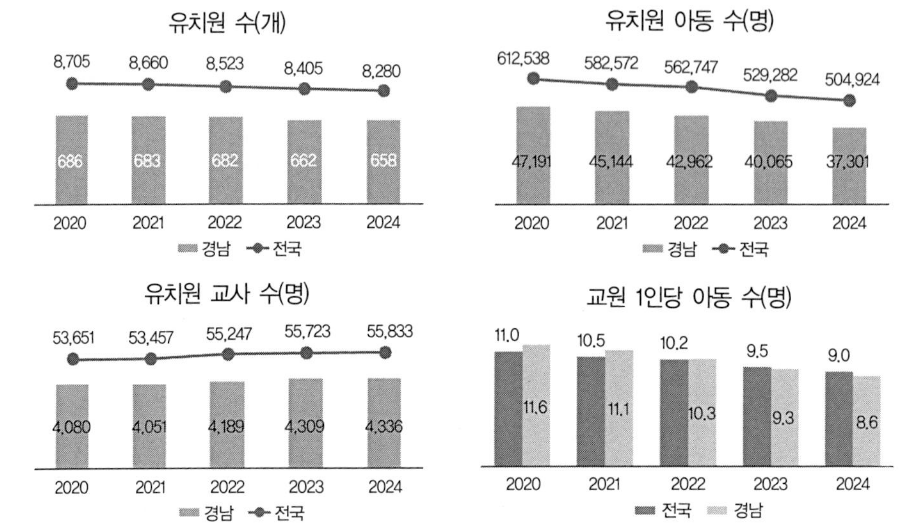

출처 : 한국교육개발원, 교육통계서비스(kess.kedi.re.kr); 통계청, 국가통계포털(kosis.kr).

사회 전반의 저출산 현상은 지속되나 맞벌이 가정의 증가와 출산 장려를 위한 교육정책 등의 변화로 인해 유치원 취원율은 지속적으로 증가하고 있다. 양질의 유아교육을 위해 교사 1인당 학생 수를 점차 줄이고(교원 1인당 원아 수는 2020년 11.0명에서 2024년 9.0명으로 감소) 있으므로, 향후 유치원교사에 대한 수요는 일정 기간 지속될 것으로 예측 가능하다. 한편 고용노동부·한국고용정보원(2024)의 2023~2033 중장기 인력수급 전망에 따르면, 교육 서비스업은 인구구조 변화와 경제적 여건, 정부 정책, 교육열 정도와 밀접하게 연동된 분야로, 급격한 저출산 가속화로 인한 학령인구 감소라는 구조적 변화와 맞물려 2023년 이후 10년간 취업자 수가 미미하게 감소될 것으로 예측된다(−0.4%).

2) 보육교사 전망

최근 5년간 전국 및 경남지역 어린이집 수, 아동 수, 교사 수 및 교사 1인당 아동 수는 〈표 1-8〉과 같다. 인구 및 출생아 수 감소와 같은 사회적 변화 요인에 따라 전국 및 경남지역의 어린이집 수는 지속적으로 감소 추세를 보이고 있으며 어린이집 교사 수도 감소하고 있다. 어린이집 교사 1인당 아동의 비율도 감소 추세이다.

〈표 1-8〉 전국 및 경남지역 어린이집 현황의 연도별 추이

연도	어린이집 수(개)		어린이집 아동 수(명)		어린이집 교사 수(명)		교사 1인당 아동 수(명)	
	전국	경남	전국	경남	전국	경남	전국	경남
2020	35,352	2,544	1,244,396	84,337	237,966	15,504	5.2	5.4
2021	33,246	2,357	1,184,716	78,004	236,085	15,231	5.0	5.1
2022	30,923	2,123	1,095,450	68,841	231,304	14,373	4.7	4.8
2023	28,954	1,904	1,011,813	59,419	226,134	13,260	4.5	4.5
2024	27,387	1,723	941,303	53,139	223,634	12,737	4.2	4.2

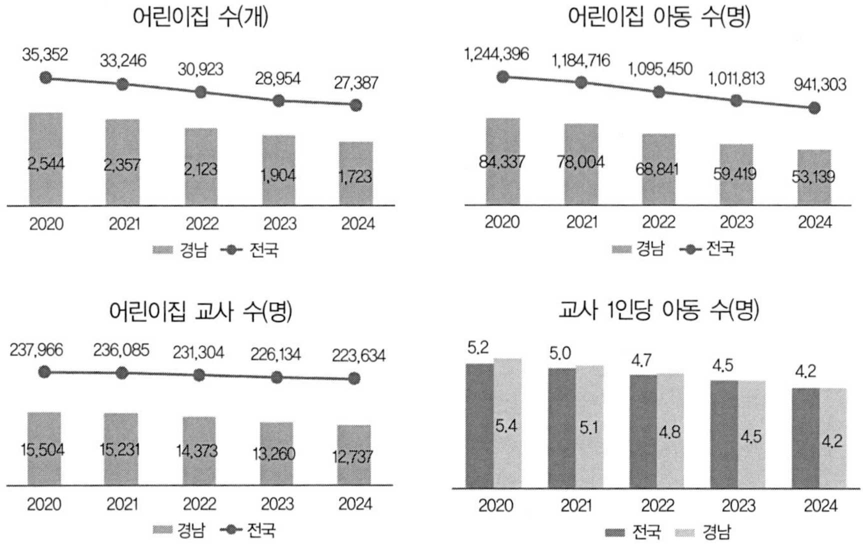

출처 : 보건복지부(2021b~2024); 교육부(2025b).

앞으로도 계속 여성의 경제활동 참여율이 상승하고 이에 따라 보육이 필요한 아동은 늘 존재할 것이므로 공공보육시설과 직장보육시설의 확충, 양질의 보육을 담당할 전문성을 갖춘 보육교사의 수급이 무엇보다 필요하다. 또한 보육의 질을 높이기 위해서는 보육교사 1인당 아동 수를 줄이는 방향으로 나아가야 하기 때문에, 이는 보육교사의 고용 요인으로 작용할 전망이다.

Chapter 2

유아교육기관의 유형

학습주제

1. 유치원
2. 어린이집

일반적으로 유아교육은 출생 이후부터 만 8세까지의 영유아를 대상으로 유치원이나 어린이집, 초등학교 저학년에서 이루어지고 있는 교육으로 규정한다. 우리나라의 유아교육은 만 0~5세 영유아를 대상으로 한다는 점에서 이들을 위한 교육기관은 유치원과 어린이집으로 한정할 수 있다. 현재 유보통합을 추진하고 있는 우리나라 유아교육은 교육부 산하의 유치원과 보건복지부 산하의 어린이집으로 구분되어 있던 것을 모두 교육부로 통합하여 유·보 관리체계를 일원화하는 「정부조직법」을 개정(2023. 12) 및 시행(2024. 6. 27)하고 있다. 그러나 아직 유보통합이 완전하게 이루어진 것은 아니며, 유치원은 만 3세부터 초등학교 취학 전까지의 어린이를 위해 「유아교육법」에 따라 설립·운영되는 학교로, 어린이집은 7세 이하의 취학 전 아동을 위해 「영유아보육법」에 따라 설립·운영되는 기관으로 구분되어 있다. 국가 수준에서 어린이집 표준보육과정과 누리과정을 통해 교육의 전체 방향과 일반적 기준을 제시하고 있지만, 지역사회와 각 기관의 특성에 따라 다양한 운영철학, 운영형태, 프로그램을 도입·적용하고 있어 각 기관만의 차별성도 띠고 있다.

1. 유치원

유치원은 설립·경영 주체에 따라 다음의 세 가지 유형으로 나눌 수 있다(유아교육법 제7조).

- **국립유치원** : 국가가 설립·경영하는 유치원
- **공립유치원** : 지방자치단체가 설립·경영하는 유치원(설립주체에 따라 시립유치원과 도립유치원으로 구분할 수 있다)
- **사립유치원** : 법인 또는 사인(私人)이 설립·경영하는 유치원

유치원의 학년도는 3월 1일부터 다음 해 2월 말일까지로 한다. 매 학년도는 두 학기로 나누되, 제1학기는 3월 1일부터 유치원의 수업일수·휴업일 및 교육과정 운영을 고려하여 유치원의 장이 정한 날까지로 하고, 제2학기는 1학기 종료일 다음 날부터 다음 해 2월 말일까지로 한다. 유치원의 수업일수는 180일 이상을 기준으로 원장이 정한다. 유치원의 교육과정은 국가 수준 교육과정인 누리과정에 기초하여 지역·기관·개인 수준의 특성을 반영하여 다양하게 운영하는데, 국립유치원은 교육부장관의 지도·감독을 받으며 공립·사립유치원은 교육감의 지도·감독을 받는다.

유치원은 일과 운영 시간에 따라 '교육과정'과 '방과후과정'으로 구분된다. 교육과정은 1일 4~5시간의 누리과정 운영 시간을 의미하며, 방과후과정은 교육과

정 이후에 이루어지는 그 밖의 교육활동과 돌봄활동을 의미한다. 방과후과정은 보호자의 요구 및 각 기관의 실정과 지역적 특성을 반영하여 운영 시간을 확장하되 융통성 있게 편성 · 운영하도록 한다.

2. 어린이집

어린이집은 설치 · 운영 주체에 따라 다음의 일곱 가지 유형으로 구분된다(영유아보육법 제10조; 교육부, 2025c).

- 국공립어린이집 : 국가나 지방자치단체가 설치 · 운영하는 어린이집으로, 상시 영유아 11인 이상을 보육할 수 있는 시설
- 사회복지법인어린이집 : 「사회복지사업법」에 따른 사회복지법인(이하 "사회복지법인"이라 한다)이 설치 · 운영하는 어린이집으로, 상시 영유아 21인 이상을 보육할 수 있는 시설
- 법인 · 단체 등 어린이집 : 각종 법인(사회복지법인을 제외한 비영리법인)이나 단체 등이 설치 · 운영하는 어린이집으로서 대통령령으로 정하는 어린이집으로, 상시 영유아 21인 이상을 보육할 수 있는 시설
- 직장어린이집 : 사업주가 사업장의 근로자를 위하여 설치 · 운영하는 어린이집(국가나 지방자치단체의 장이 소속 공무원 및 국가나 지방자치단체의 장과 근로계약을 체결한 자로서 공무원이 아닌 자를 위하여 설치 · 운영하는 어린이집을 포함한다)으로, 상시 영유아 5인 이상을 보육할 수 있는 시설
- 가정어린이집 : 개인이 가정이나 그에 준하는 곳에 설치 · 운영하는 어린이집으로, 상시 영유아 5인 이상을 보육할 수 있는 시설

- 협동어린이집 : 보호자 또는 보호자와 보육교직원이 조합(영리를 목적으로 하지 아니하는 조합에 한정한다)을 결성하여 설치 · 운영하는 어린이집으로, 상시 영유아 11인 이상을 보육할 수 있는 시설
- 민간어린이집 : 국공립, 사회복지법인, 법인 · 단체 등, 직장, 가정, 협동어린이집이 아닌 어린이집으로, 상시 영유아 21인 이상을 보육할 수 있는 시설

▣ 직장어린이집 설치 규정(영유아보육법 제14조 등)

구 분	내 용
설 치	• 상시 여성근로자 300명 이상 또는 근로자 500명 이상을 고용하고 있는 사업장의 사업주는 직장어린이집을 설치하여야 한다. • 사업장의 사업주가 직장어린이집을 단독으로 설치할 수 없을 때에는 사업주 공동으로 직장어린이집을 설치 · 운영하거나, 지역의 어린이집과 위탁계약을 맺어 근로자 자녀의 보육을 지원하여야 한다.
설치의무 미이행 시	• 교육부장관은 직장어린이집 설치 등의 의무를 이행하지 아니한 사업장의 명단을 공표할 수 있다. • 공표는 교육부 · 고용노동부 홈페이지에 1년간 게시하고, 2개 이상 일간지에 게재하는 방법으로 한다. • 시 · 도지사는 설치의무 미이행사업장에 이행명령, 이행강제금을 부과 · 징수할 수 있다(연 2회, 회당 최대 1억 원).

어린이집의 보육과정은 2024 개정 표준보육과정(0~2세)과 2019 개정 누리과정(3~5세)에 기초하여 개별 기관 수준의 특성을 반영하여 다양하게 운영한다. 각 기관에서 보육과정을 운영할 때에는 기관의 일과 운영 시간에 따라 조정하여 편성할 수 있다. 각 기관의 운영 시간은 영유아가 편안하고 즐겁게 보육내용을 경험하도록 휴식과 낮잠 등의 일상생활을 포함하여 영유아 중심으로 놀이가 살아나는 영유아 · 놀이 중심으로 편성되어야 한다.

어린이집은 주 6일 이상, 하루 12시간 이상 운영하여야 한다. 연중 계속 운영하는 것을 원칙으로 하여, 월~금요일은 12시간(7:30~19:30), 토요일은 8시간(7:30~15:30) 운영한다. 다만, 보호자의 근로 시간 등을 고려하여 원장이 미리 영유아의 보호자에게 동의를 받은 경우에는 보호자 및 그 영유아에게 불편을 주지 않는 범위에서 어린이집의 운영일 및 운영 시간을 조정하여 운영할 수 있다(영유아보육법 시행규칙 제23조). 보육시간은 하루 7시간으로 운영하는 기본보육과 기본보육 시간 종료 후부터 운영하는 연장보육으로 구분된다. 또한 어린이집은 영아보육, 장애아보육 등 다양한 형태로 운영이 가능하다.

〈표 2-1〉 어린이집 운영 시간에 따른 구분

<table>
<tr><th colspan="2">구 분</th><th>내 용</th></tr>
<tr><td colspan="2">기본보육</td><td>오전 9시부터 오후 4시까지 이루어지는 보육
* 지역과 어린이집 상황에 따라 보호자와 협의하여 9~16시 전후 30분 범위 내에서 보육시간 탄력조정 가능
* 등원지도 시간(7:30~9:00±30분)과 하원지도 시간(16:00~17:00±30분)은 기본보육으로 간주</td></tr>
<tr><td colspan="2">연장보육</td><td>기본보육 이후 오후 4시부터 저녁 7시 30분까지 이루어지는 보육</td></tr>
<tr><td rowspan="4">그 밖의 연장 보육</td><td>야간연장 보육</td><td>저녁 7시 30분부터 밤 12시까지 이루어지는 보육
* 오전 7시 30분 이전에 이용하는 경우도 야간연장보육으로 간주</td></tr>
<tr><td>야간 12시간 보육</td><td>저녁 7시 30분부터 익일 오전 7시 30분까지 12시간 이루어지는 보육</td></tr>
<tr><td>24시간 보육</td><td>오전 7시 30분부터 익일 오전 7시 30분까지 24시간 이루어지는 보육</td></tr>
<tr><td>휴일보육</td><td>일요일 및 공휴일에 오전 7시 30분부터 저녁 7시 30분까지 이루어지는 보육</td></tr>
</table>

▣ 영아보육과 장애아보육

- 영아전담어린이집 : 만 3세 미만의 영아만을 20인 이상 보육하는 어린이집
- 장애아전문어린이집 : 12명 이상의 장애영유아를 보육할 수 있는 시설을 갖춘 어린이집
- 장애아통합어린이집 : 3명 이상의 장애영유아를 보육하는 어린이집

〈표 2-2〉 유치원과 어린이집 비교

구 분	유치원	어린이집
관련 법령	유아교육법	영유아보육법
관할 부서	교육부, 시·도교육청	
인 가	교육감	시·도 및 시·군·구청
운영 주체	국가, 지방자치단체, 법인, 개인	국·공립, 사회복지법인, 비영리법인, 단체, 개인
대 상	만 3~5세(취학 전)	만 0~12세(방과후 보육 포함)
교육과정	2019 개정 누리과정	2024 개정 표준보육과정(0~1세, 2세) 2019 개정 누리과정(3~5세)
자격증	유치원 정교사 자격증	보육교사 자격증
직 급	원장, 원감, 1급 정교사, 2급 정교사	원장, 보육교사 1급, 보육교사 2급, 보육교사 3급

참고

※ 2023년 1월 유보통합 추진방안 발표와 함께 유보통합추진단이 출범하였고, 같은 해 4월에는 유보통합추진위원회가 구성되었다. 이후 보건복지부, 지방자치단체의 영유아보육 업무를 교육부, 시·도교육청으로 이관하고 단일부처 중심의 유보통합 제도 개선을 추진하고 있다. 그러나 교사 자격과 양성 체계 개선 및 관리부처 일원화 등의 주요 사항에 대해서는 아직 통합에 이르지 못하였다. 앞으로 지속적인 연구와 논의 과정을 통해 결정될 것으로 보인다.

Chapter 3

유아교육기관의 원아모집 및 선발시스템

학습주제

1. 어린이집 입소대기
2. 유치원 입학신청

일반적으로 유아교육기관에서는 신학기가 시작되는 3월에 맞추어 신입 원아의 입학이 이루어지는데, 이를 위해서는 대개 12월에서 익년 1, 2월까지 원아모집 및 선발이 결정되어야 한다. 따라서 유치원과 어린이집 모두 11월부터 정규 원아모집을 실시하며, 결원 발생 시 수시모집을 실시하게 된다. 어린이집의 경우 원아의 입·퇴소가 비교적 빈번하기 때문에 연중 원아모집이 이루어지기도 한다.

2025학년도부터는 '유보통합포털 입소·입학 신청사이트(https://enter.childinfo.go.kr)'에서 통합회원 가입으로 유치원 입학 및 어린이집 입소를 위한 원서접수를 진행할 수 있다.

신규회원일 경우, 유보통합포털 입소 · 입학 신청사이트의 '들어가기(통합 로그인)'에서 회원가입을 진행하여야 한다. 휴대폰 본인확인, 약관 및 개인정보 수집 이용 동의를 거친 후 회원정보를 입력한다. 기본정보에서 회원의 아이디와 비밀번호, 이름, 전화번호, 주소 등을 기입하고, 공동/금융 인증서를 등록한다. 통합회원 가입이 완료되면 어린이집 입소대기 또는 유치원 입학신청을 진행할 수 있다.

통합회원 가입
본인 인증
휴대폰인증
개인정보 보호를 위해 주민번호를 받지않고
본인확인을 하기 위한 서비스입니다.
입력하신 정보는 본인확인수단으로만 사용됩니다. 휴대폰 인증을 통한 가입을 원하시면 휴대폰 인증하기 버튼을 클릭하세요
인증하기

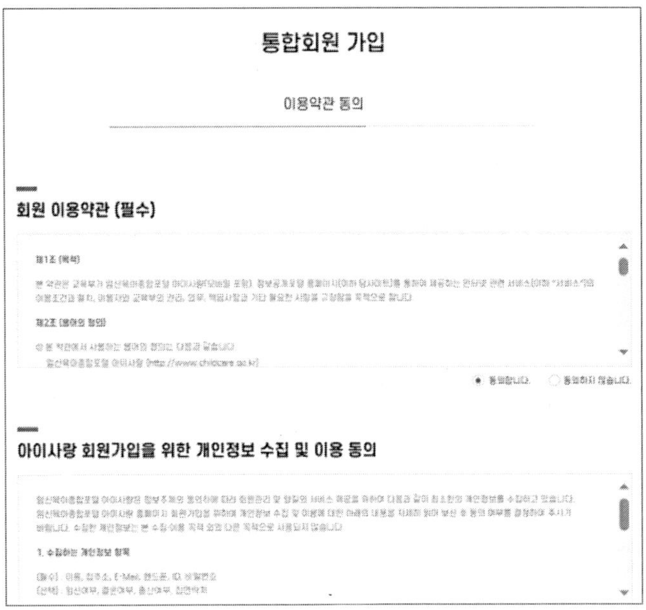
통합회원 가입
이용약관 동의
회원 이용약관 (필수)
동의합니다.
동의하지 않습니다.
아이사랑 회원가입을 위한 개인정보 수집 및 이용 동의

유보통합포털 입소 · 입학 신청사이트 첫 화면의 '통합검색하기'에서는 어린이집과 유치원을 지역별로 검색할 수 있으며, 검색어에 기관명을 직접 입력하여 검색하는 것도 가능하다. 통합검색을 통해 기관명, 설립유형, 학급 수, 정원 및 현원, 교직원 수, 연장보육 및 방과후 운영 여부, 차량 운행 여부, 특수교사 수, 교실 및 보육실 수, 놀이터 수 등을 알 수 있다.

1. 어린이집 입소대기

1) 입소대기 신청 순서

어린이집 입소대기 절차는 아동등록, 어린이집 검색, 예약 신청, 입소대상자 확정, 입소우선순위자료제출, 아동입소처리 순으로 진행된다.

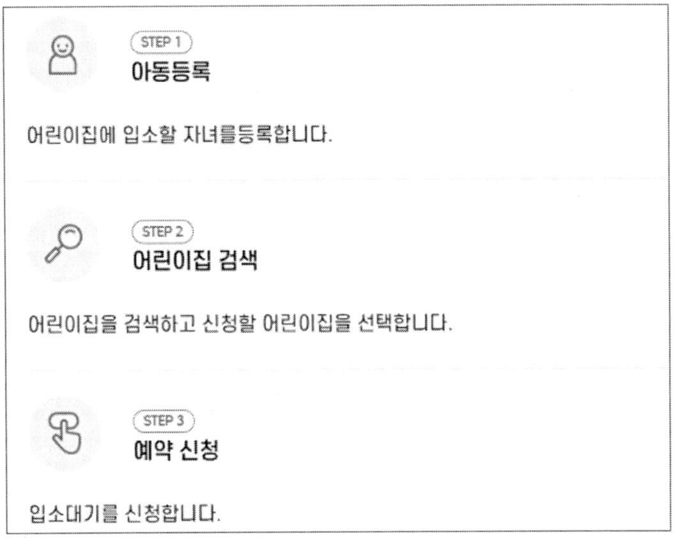

STEP 4

입소대상자확정

어린이집에서는 입소 우선순위에 따른 대기 순서를 확인하여 입소대상자를 확정합니다.

STEP 5

입소우선순위자료제출

어린이집 원장은 자동 연계되는 자격을 제외하고 부모로부터 입소관련 서류 일체를 받아 반드시 확인

STEP 6

아동입소처리

어린이집 원장은 입소대기 순서에 따라 아동을 입소 처리합니다.

2) 입소대기 신청 안내

(1) 대상 어린이집

입소 우선순위를 적용하는 전체 어린이집에 대하여 입소대기 신청이 가능하다(직장, 협동 어린이집 제외).

(2) 운영방안

- 입소대기 등록 시점 : 연중 수시 가능
- 입소대기 신청 어린이집 수 : 재원 중이면 2개소, 미재원 중이면 3개소
- 입소대기 대상 아동 범위 : 보육나이 만 0~5세(단, 장애아동은 만 12세까지 가능)
- 입소 순위 배점
  - 1순위 : 항목당 100점(단, 3자녀 이상 가구 또는 맞벌이의 경우 각 200점, 맞벌이면서 3자녀 이상 시 700점 부여), 2순위 항목당 50점으로 산정

– 2순위 : 항목만 있는 경우, 점수 합계가 같거나 높아도 1순위보다 우선순위가 될 수 없음

3) 입소 우선순위 관련 규정

어린이집 입소 우선순위 관련 규정은 「영유아보육법」 제28조, 동법 시행령 제21조의4, 시행규칙 제29조의 입소 우선 대상 기준에 근거한다.

(1) 1순위(법 제28조, 시행령 제21조의4, 시행규칙 제29조)

- 「국민기초생활 보장법」에 따른 수급자
- 「한부모가족지원법」 제5조에 따른 지원대상자의 자녀
- 「한부모가족지원법」 제5조의2 제2항에 따른 지원대상자의 손자녀
- 「국민기초생활 보장법」 제24조에 따른 차상위계층의 자녀(중위소득 50% 이하)
- 아동복지시설에서 생활 중인 영유아
- 「장애인복지법」 제2조에 따른 장애인 중 교육부령으로 정하는 장애 정도가 심한 자의 자녀
- 「장애인복지법」 제2조에 따른 장애인 중 교육부령으로 정하는 장애 정도가 심한 형제/자매를 둔 영유아
- 「국가유공자 등 예우 및 지원에 관한 법률」 제14조 제1항에 따른 국가유공자 중 전몰군경, 순직자, 상이자로서 교육부령으로 정하는 자의 자녀
- 부모가 모두 취업 중이거나 취업을 준비 중인 영유아
- 「다문화가족지원법」 제2조 제1호에 따른 다문화가족의 영유아
- 「북한이탈주민의 보호 및 정착지원에 관한 법률」에 따른 북한이탈주민 및 그 자녀인 영유아

- 제1형 당뇨를 가진 경우로서 의학적 조치가 용이하고 일상생활이 가능하여 보육에 지장이 없는 영유아
- 「국민건강보험법 시행령」 제19조 제1항에 따른 보건복지부장관이 정하여 고시하는 희귀난치성 질환을 가진 사람 중 교육부장관이 어린이집의 우선 이용이 필요하다고 인정하는 사람의 자녀인 영유아
- 자녀가 2명 이상인 가구의 영유아
- 임신부의 자녀인 영유아
- 산업단지 입주기업체 및 지원기관 근로자의 자녀로서 산업단지에 설치된 어린이집을 이용하는 영유아
- 법인·단체 등이 어린이집을 국가 또는 지방자치단체에 기부채납하여 국공립어린이집으로 전환된 경우, 해당 법인·단체 등의 근로자 자녀로서 그 어린이집을 이용하는 영유아
- 「주택법」 제2조 제3항에 따른 공동주택에 설치된 민간어린이집이 국공립어린이집으로 전환된 경우, 해당 공동주택의 거주자 자녀로서 그 어린이집을 이용하는 영유아

(2) 2순위

- 「한부모가족지원법」에 따른 한부모 가족
- 가정위탁 보호아동 및 입양된 영유아
- 동일 어린이집에 재원 중인 아동의 형제·자매

(3) 3순위

- 1, 2순위에 해당하지 않는 일반 영유아

2. 유치원 입학신청

1) 유치원입학관리시스템이란?

유치원 입학을 원하는 보호자가 시간과 장소의 제한 없이 온라인으로 편리하게 유치원에 대한 정보를 검색하여 신청하고, 유치원은 공정하게 선발된 결과를 알려줌으로써 학부모의 불편 해소와 교원의 업무를 덜어주는 입학관리시스템이다.

2) 유치원입학관리시스템 운영 개요

(1) 입학대상

전국 3세부터 초등학교 취학 전까지의 어린이

(2) 유치원과정

• 교육과정 : 유치원 정규 교육과정

- 방과후과정 : 교육과정 이후에 운영되는 과정
  - 방과후과정 지원자는 맞벌이 부부 등 관련 증빙서류를 온라인 확인 또는 해당 유치원에 제출해야 함(교육청 정책에 따라 증빙서류가 필요 없는 경우도 있음)

(3) 유치원입학관리시스템 추첨 방법

- 우선모집 : 희망순 추첨
  - 유치원의 자격 순위별 모집인원에 따라 희망순 선발
- 일반모집 : 희망순(중복선발제한) 추첨
  - 희망순(중복선발제한) 추첨에서는 상위희망 유치원 선발 시, 하위희망 유치원 추첨은 자동으로 제외
  - 선발된 유아의 등록 포기가 최소화되어 대기자의 선발 가능성이 낮아지게 되므로 원서 접수 및 선발 등록 시 학부모의 신중한 선택 필요

우선모집 희망순 추첨방법

1단계 접수 학부모는 희망순(1, 2, 3)별로 유치원 접수

➡ 2단계 추첨 각 유치원별로 지원 자격 별 희망순 그룹별로 추첨하여 줄 세워 선발

유아가 1희망(A유치원), 2희망(B유치원), 3희망(C유치원)에 지원한 경우, 각각의 유치원에서 모집요강에 등록한 자격 순위별 모집인원에 따라 1순위-2순위-3순위 자격 순으로 선발하며, 동일한 우선모집대상 자격 순위 내에서는 1희망-2희망-3희망 순으로 순위별 모집인원이 채워질 때 까지 선발하게 됨

일반모집 희망순(중복선발제한) 추첨방법

1단계 접수 학부모는 희망순위(1, 2, 3)별로 희망유치원 접수

➡ 2단계 추첨 희망순위 그룹별로 추첨하고 줄 세워 선발하며 하나의 유치원만 선발가능

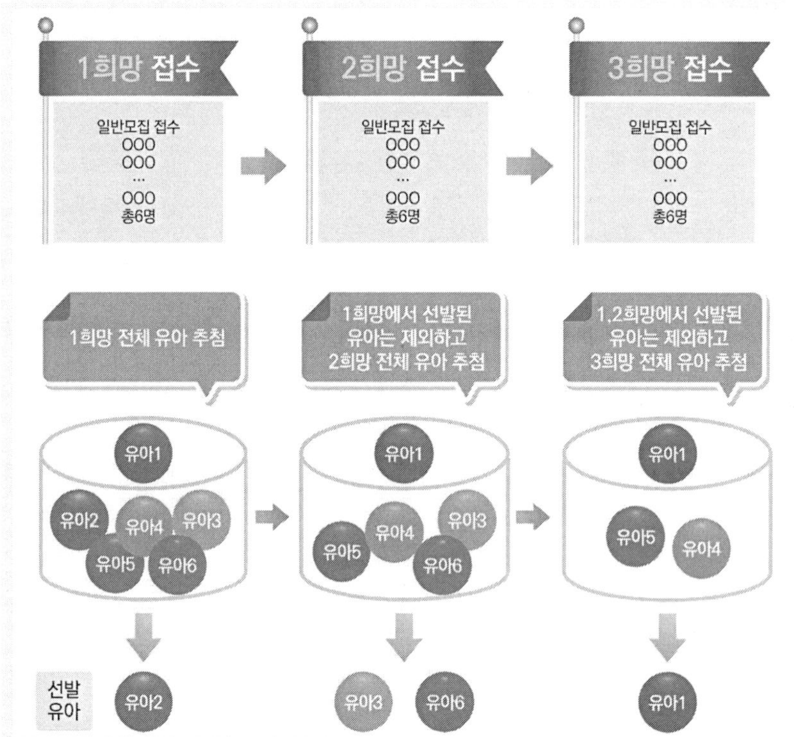

6명의 유아(1~6)가 A유치원 1희망, B유치원 2희망, C유치원 3희망으로 접수했을 경우 1희망에서 1번 유아가 선발되면 1번 유아의 2희망, 3희망 유치원에서는 1번 유아가 추첨 대상에서 제외되며, 1희망에서 선발되지 않은 유아만으로 2순위 추첨을 진행하게 됨, 마찬가지로 1희망/2희망에서 선발된 유아는 3희망 추첨 대상에서 제외하여 3순위 추첨을 진행하게 됨

(4) 방과후과정 선발 방법

- 방법 1 : '유치원입학관리시스템'에서 [교육과정반]과 [교육과정+방과후과정반]을 별도로 모집하여 선발
- 방법 2 : '유치원입학관리시스템'에서 교육과정만 뽑고, 선발된 인원 중에서 유치원 별도로 오프라인 방과후과정 선발

(5) 우선모집 자격조건

- 법정저소득층 가정(의 자녀) : 보건복지부 법정저소득층 자격검증기능의 온라인 자격 연계(다음 사항 중 1개에 해당하면 가능)
  - 「국민기초생활보장법」에 따른 수급자
  - 「한부모가족지원법」 제5조에 따른 한부모가족 지원대상자 복지급여 지급기준에 해당하는 자(여성가족부 고시 제2015-74호)
  - 「국민기초생활 보장법 시행령」 제3조에 따른 차상위계층(소득인정액이 기준 중위소득의 100분의 50 이하인 사람)

> - 차상위 자활대상자
> - 차상위 장애수당 대상자
> - 차상위 본인부담 경감 대상자
> - 차상위 장애인연금지급 대상자
> - 차상위계층확인서를 발급받은 자(구, 우선돌봄 차상위 대상자)

- 국가보훈대상자 가정(근거 : 국가보훈법 제3조)(의 자녀) : 국가보훈부 국가보훈대상자 자격검증기능의 온라인 자격 연계(다음 사항 중 1개에 해당하면 가능)
  - 국가보훈관계법령에서 정하는 적용대상 요건에 해당하는 사람

- 국가유공자 등 예우 및 지원에 관한 법률 : 자녀까지
- 특수임무유공자 예우 및 단체 설립에 관한 법률 : 자녀까지
- 5 · 18 민주유공자 예우에 관한 법률 : 자녀까지
- 보훈대상자 지원에 관한 법률 : 자녀까지

- 북한이탈주민 : 통일부 북한이탈주민 자격검증기능의 온라인 자격 연계
  - 「북한이탈주민의 보호 및 정착지원에 관한 법률」 제2조, 제3조
- 기타 우선모집 조건은 유치원 및 지역 여건에 따라 해당 유치원장이 정함

※ 추첨 없이 입학 허용 유아

- 재원 중인 유아(차년도 재원 희망 원아의 경우, 유치원에서 재학생으로 등록)
- 특수교육지원대상자(학부모 원서접수/추첨 없이 교육청에서 선정 · 배치된 유치원에서 100% 등록)

- 교육청 특수교육운영위원회에서 배정한 유아를 100% 반영하여 최우선 입학 대상자로 선정
- 장애인 등에 대한 특수교육법 제3조(의무교육), (국가인권위원회, 2017)

3) 유치원입학관리시스템 이용 절차

(1) 우선모집 이용절차 및 이용방법

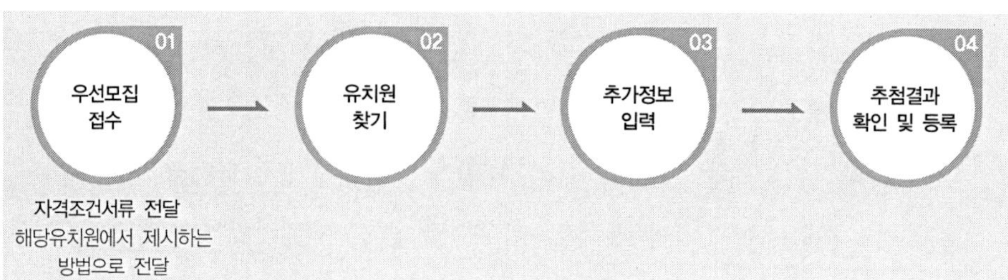

① 원서접수 시작

- ‘접수하기’ 버튼 클릭
- 유아별로 1~3번까지 희망순에 따라 ‘접수하기’ 진행

② 유치원 찾기

- 지역, 설립유형, 연령, 과정 등 설정한 후 조회 버튼 클릭
- 입학 희망 유치원을 검색하여 모집 요강 확인
- 유치원 선택 박스 체크 후 ‘유치원 선택’ 버튼 클릭

③ 추가정보 입력

- 우선모집자격 선택(법정저소득층, 국가보훈, 북한이탈주민 대상자는 자격검증 클릭)
- 일반모집 자동접수를 원치 않을 경우 ‘미신청’으로 변경
- 쌍생아의 경우, 쌍생아 자격으로 추첨을 원치 않을 경우 ‘미신청’으로 변경

④ 추첨결과 확인 및 등록

- 유아 정보에 대해 익명 처리 후 희망순 추첨(복수 유치원 선발 가능)
- 추첨 결과는 “선발”, “탈락”으로 구분
- “선발”로 표기된 유치원 중 1개 유치원만 등록 가능(등록 시 사진업로드는 선택사항)
  * 등록기간 동안 유치원을 등록하지 않은 유아는 “자동 포기”로 자동 처리

(2) 일반모집 이용절차 및 이용방법

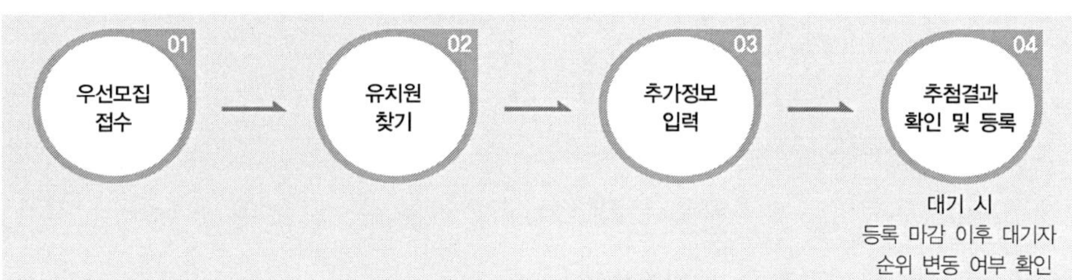

① 원서접수 시작

- '접수하기' 버튼 클릭
- 유아별로 1~3번까지 희망순에 따라 '접수하기' 진행

② 유치원 찾기

- 지역, 설립유형, 연령, 과정 등 설정한 후 조회 버튼 클릭
- 입학 희망 유치원을 검색하여 모집 요강 확인
- 유치원 선택 박스 체크 후 '유치원 선택' 버튼 클릭
  * 선택 전, 유치원 정보 및 학부모 필요를 잘 고려하여 과정(교육과정/교육과정+방과후과정) 재확인

③ 추가정보 입력

- 쌍생아의 경우, 쌍생아 자격으로 추첨을 원치 않을 경우 '미신청'으로 변경
- 통학차량 운행코스별로 원아를 선발하는 유치원을 선택하였을 경우, 운행코스 선택 후 접수

④ 추첨결과 확인 및 등록

- 유아 정보에 대해 익명 처리 후 희망순(중복선발제한) 추첨
  * 희망순(중복선발제한) 추첨에서는 상위희망 유치원 선발 시, 하위희망 유치원 추첨은 자동으로 제외
- 추첨 결과는 "선발", "대기", "추첨제외"로 구분
  * 선발되지 않은 "대기" 상태의 유치원은 선순위 선발자가 등록 포기 시 대기 순번이 자동으로 변경
- "선발"로 표기된 유치원에 등록하기 위해서는 "등록" 버튼을 눌러서 절차 이행(등록 시 사진업로드는 선택사항)

* 등록기간 동안 유치원을 등록하지 않은 유아는 "자동 포기"로 자동 처리

4) 유치원입학관리시스템 이용 시 유의사항

(1) 지원 횟수

- 유아당 유치원 3곳에 지원할 수 있다.
- 우선모집에 등록한 유아는 등록 포기를 하지 않는 이상 일반모집에 접수할 수 없다.

(2) 선발방안

선착순이 아니라 원서접수가 마감된 이후 자동 추첨으로 진행된다.

(3) 자동 접수

우선모집 원서접수를 할 때 자동 접수 칸에 체크할 경우, 우선모집에서 탈락하면 일반모집에 자동 접수된다. 이럴 경우 해당 유치원의 일반모집 설정에 따라 자동 접수가 되지 않을 수 있으니 온라인 접수, 현장 접수자 모두 접수 결과를 다시 확인해야 한다.

(4) 대기자 관리

일반모집 선발 여부가 "대기"인 경우, 해당 학년도 2학기 운영 시 대기자 관리를 진행하지 않기 때문에 대기자번호 관련 내용을 각 유치원으로 문의하도록 한다.

(5) 쌍생아

쌍생아 여부 체크 후 접수하면 쌍생아들은 한 그룹으로 지정되어 추첨되는데 쌍생아 내에서도 유치원입학관리시스템에 유아 추가한 순서대로 접수번호가 매겨진다. 유치원 모집인원에 따라 우선모집의 경우 쌍생아 한 명은 선발, 한 명은 탈락(일반모집의 경우 쌍생아 한 명은 선발, 한 명은 대기 1번)하는 경우도 발생할 수 있다. 이 경우 임의로 동시 선발/동시 탈락을 시킬 수 없으며, 선발 쌍생아의 등록 여부는 학부모가 최종 선택하여야 한다.

참고 **2025학년도 2학기 유치원입학 사용안내서(학부모용)**

출처 : 유치원입학관리시스템(go-firstschool.go.kr).

참고 유치원입학 공식 유튜브 : 2025학년도 유치원입학관리시스템 학부모 이용가이드

Chapter 4

유아교육기관의 학급편성

학습주제

1. 유치원 학급편성
2. 어린이집 학급편성

유아교육기관에서의 영유아 지도 및 교육은 주로 학급 단위로 이루어진다. 유아교육기관의 학급 연령 구성 및 인원수를 결정하여 학급을 편성하는 것은 기관 운영의 기본 단위를 결정하는 것과 같다. 연령별 학급의 인원수는 기관 전체의 면적, 교실 면적, 법적으로 인가된 인원수, 교직원 수 등에 의해 결정되며, 유아교육기관의 운영 철학과 프로그램의 내용에 따라 동일연령집단 또는 혼합연령집단으로 편성하게 된다.

1. 유치원 학급편성

유치원의 학급편성은 동일연령으로 편성하는 것을 원칙으로 하며, 교육과정 운영상 필요한 경우 혼합연령으로 편성하는 것도 가능하다. 유치원의 학급 수와 학급당 유아 수는 「유아교육법 시행령」 제16조에 의거, 학급 수와 학급당 최소 및 최대 유아 수를 관할 시 · 도교육청에서 정한 기준에 따르게 되어 있어 각 시 · 도교육청별 학급당 인원의 차이가 있다. 2021학년도 기준 연령별 학급당 유아 수는 만 3세 14~19명, 만 4세 19~25명, 만 5세 22~28명으로 17개 시 · 도교육청별로 차이가 있으며, 이 중 공립과 사립 유치원을 구분하여 제시한 교육청은 6개이다.

〈표 4-1〉 시 · 도교육청 유치원 연령별 학급정원 (단위 : 명)

구 분	단일학급			혼합연령
	만 3세	만 4세	만 5세	만 3~5세
서울(공립) (사립)	16 16~20	22 22~24	24 24~28	22 22~24
부산	16	24	26	22~26
대구	18	24	28	20~26
인천	18	23	26	23
광주	18	22	25	22
대전	15	22	26	22
울산	17	23	26	23
세종	14	19	23	18
경기(공립) (사립)	16 16~18	22 22~24	26 16~28	16~22
강원(공립) (사립)	16 16~24	22 22~26	24 24~28	16~20 16~24
충북	15	20	23	18
충남	15	20	25	15~20

전북(공립) (사립)	14 16	18 20	22 25	16~18 18~24
전남	15	20	22	16~20
경북(공립) (사립)	16 16~18	22 22~24	24~26 24~26	20~24
경남(공립) (사립)	16 19	22 25	24 28	18~20 24
제주	15	22	26	18~22

출처 : 우영혜(2021).

2. 어린이집 학급편성

1) 학급편성 기준

어린이집의 학급편성 기준은 다음과 같다.

첫째, 동년도 출생아(당해 1. 1.~12. 31. 출생아)를 함께 편성하는 것을 원칙으로 한다.

둘째, 가능한 한 2세 미만 영아반, 2세 영아반과 3세 이상의 유아반을 동시에 운영해야 한다.

셋째, 장애아가 있는 경우 장애아만으로 구성된 반을 운영할 수 있다(영유아보육법 시행규칙 제23조 별표 8의 규정).

넷째, 혼합반 운영 시 교사 대 아동 비율은 낮은 연령의 교사 대 아동 비율을 준수하여야 한다.

참고 2025학년도 0~5세 반편성 시 출생일 기준

반편성	출생일 기준
0세반	'24. 1. 1. 이후 출생
1세반	'23. 1. 1. ~ '23. 12. 31.
2세반	'22. 1. 1. ~ '22. 12. 31.
3세반	'21. 1. 1. ~ '21. 12. 31.
4세반	'20. 1. 1. ~ '20. 12. 31.
5세반	'19. 1. 1. ~ '19. 12. 31.

출처 : 교육부(2025c).

2) 연령별 학급편성 시 반별 정원 기준

어린이집의 반편성 시 반별 정원기준은 「영유아보육법 시행규칙」 제10조 별표 2에 따른다. 〈표 4-2〉와 같이 연령별 반편성 시 반별 정원 기준의 원칙이 있으며, 어린이집 신규 설립이 어려운 농어촌은 특례지역으로 초과보육을 허용하여 특례인정범위에 따라 보육할 수 있다. 교사 대 아동 비율을 준수하는 범위에서 동일연령 보육과정 및 아동 1인당 보육실 면적 등을 감안하여 1개의 보육실에서 2개 이상의 반을 함께 보육하는 것이 가능하다.

〈표 4-2〉 연령별 학급편성에서의 반별 정원 기준

<table>
<tr><th colspan="2">연 령</th><th>만 0세</th><th>만 1세</th><th>만 2세</th><th>만 3세</th><th>만 4세 이상</th></tr>
<tr><td colspan="2">원 칙</td><td>3명</td><td>5명</td><td>7명</td><td>15명</td><td>20명</td></tr>
<tr><td rowspan="2">특례
인정
범위</td><td>기본보육</td><td>4명 이내</td><td>7명 이내</td><td>9명 이내</td><td>19명 이내</td><td>24명 이내</td></tr>
<tr><td>연장보육</td><td colspan="3">7명 이내
(0세 포함 시 5명 이내)</td><td colspan="2">20명 이내</td></tr>
</table>

출처 : 함미영(2021).

3) 장애아동 및 혼합연령 반편성 시 교사 대 아동의 비율

장애아는 연령이 아닌 장애 정도에 따라 적절한 반에 편성·운영할 수 있다. 어린이집에서 장애아동과 혼합연령반 편성 시 교사 대 영유아의 비율은 각각 다음의 기준에 따라야 한다.

〈표 4-3〉 장애아반의 교사 대 아동 비율

연령(반)	교사 대 아동 비율	비 고
장애아동	1 : 3	장애아 9인당 보육교사 1인은 특수교사 자격 소지자여야 함

〈표 4-4〉 혼합연령반의 교사 대 아동 비율

혼합반 운영	0세반과 1세반 영아	1세반과 2세반 영아	0세반과 2세반 영아	만 2세 이하 영아와 만 3세 이상 유아	3세반과 4세반 이상 유아
원 칙	가능	가능	불가능	불가능	가능
교사 대 아동 비율	1 : 3	1 : 5	–	–	1 : 15

이슈 미래의 영유아 학급당 적정 영유아 수는?

학급당 교사 대 영유아의 비율은 영유아 교육의 질을 결정하는 중요한 요인이 된다. 한 명의 교사가 가르치고 돌보아야 할 영유아의 수가 많을수록 영유아와의 긴밀한 상호작용은 어려워지고 적절한 개별화 교육이나 지원을 행하기가 쉽지 않기 때문이다. 특히 영유아의 다양성을 존중하며 놀이중심 교육과정을 강조하는 영유아교육 현장의 분위기에서, 교사들은 다양한 교수법을 적용하고 놀이공간을 융통성 있게 활용하는 등 수업방식에서의 혁신을 시도하고 있다. 변화하는 미래교육에 성공적으로 대응하기 위해, 학급당 교사 대 영유아의 비율과 학급당 적정 영유아 수에 대한 현장과 전문가들의 열띤 논의는 현재도 계속되고 있다.

Chapter **5**

유아교육기관의 일과 운영

학습주제

1. 유아교육기관 일과 운영의 원리
2. 유아교육기관 일과 운영의 실제
3. 영아반 일과 운영 시 교사의 역할
4. 유아반 일과 운영 시 교사의 역할

1. 유아교육기관 일과 운영의 원리

2019 개정 누리과정과 2024 개정 표준보육과정에 따라 교사는 영유아·놀이 중심 교육과정에 기초한 하루 일과를 운영한다. 영유아가 하루 일과를 통해 즐겁게 놀이하며 스스로 배울 수 있도록 지원하기 위해 교사는 다음 교수·학습 원리를 고려하여 일과를 운영한다(교육부·보건복지부, 2019a).

1) 흥미의 원리

영유아가 자신의 흥미와 관심에 따라 놀이에 자유롭게 참여하고 즐기도록 한다. 교사는 교사가 미리 준비한 놀이를 선택하게 하는 방식보다는 영유아의 놀이를 존중하고 이해하면서 영유아가 필요로 하는 놀이자료, 놀이공간, 놀이규칙과 안전 등을 고려하여 필요한 지원을 할 수 있다.

2) 놀이중심의 원리

영유아가 놀이를 통해 배우도록 한다. 누리과정과 표준보육과정을 운영하는 유치원과 어린이집에서 이루어지는 영유아의 놀이는 교사의 지원을 통해 더욱 유의미한 배움이 될 수 있다.

3) 환경구성의 원리

영유아가 다양한 놀이와 활동을 경험할 수 있도록 실내외 환경을 구성한다. 영유아가 보고 듣고 만지며 자유롭게 표현할 수 있는 놀이환경은 놀이가 다양하게 이루어지도록 하는 중요한 교육적 자원이므로, 교사는 다양한 실내외 놀이환경과 풍부한 놀이자료를 제공하여 영유아의 놀이가 활성화되도록 돕는다.

4) 상호작용의 원리

영유아와 영유아, 영유아와 교사, 영유아와 환경 간에 능동적인 상호작용이 이루어지도록 한다. 영유아는 놀이에서 또래 친구와 교사, 자연환경 등과 적극적으로 상호작용하면서 세상을 이해하고 배움을 이루어 간다. 교사는 영유아가 놀이에서 만나는 다양한 관계에 관심을 기울이고 함께 상호작용하며 배움을 지원해야 한다.

5) 통합의 원리

5개 영역의 내용이 통합적으로 영유아의 경험과 연계되도록 한다. 5개 영역의 내용은 영유아가 놀이를 하면서 통합적으로 경험하는 것이다. 교사는 영유아의 놀이상황과 맥락에 따라 5개 영역을 다양한 방식으로 융통성 있게 영유아의 경험과 연계하여 지원할 필요가 있다.

6) 활동 간 균형의 원리

개별 영유아의 요구에 따라 휴식과 일상생활이 원활히 이루어지도록 한다. 유치원과 어린이집에서 영유아의 하루 일과는 놀이와 휴식을 적절하게 안배하여 운영하며, 개별 영유아의 요구를 반영해야 한다. 또 영유아의 건강상태, 날씨나 계절, 기관의 상황 등에 따라 하루 일과를 융통성 있게 운영할 수 있다.

7) 개별화의 원리

영유아의 연령, 발달, 장애, 배경 등을 고려하여 개별 특성에 적합한 방식으로 배우도록 한다. 영유아는 서로 다른 관심과 능력을 가지고 있으며 다양한 맥락 속에서 자신만의 방식으로 놀이하고 배운다. 교사는 영유아의 특성에 적합한 지원을 위해 발달적 특성이나 장애 정도, 문화적 배경을 우선적으로 파악해야 하며, 필요한 경우 관련 기관 또는 전문가와 협력할 수 있다.

2. 유아교육기관 일과 운영의 실제

유치원과 어린이집의 운영 시간은 각 기관의 실정과 지역적 특성을 반영하여 융통성 있게 편성·운영할 수 있다. 현장실습에서의 일과 운영 경험은 영유아들이 경험하게 될 많은 교육적 일상 활동을 일일 단위로 순서와 시간의 양을 정하여 배열하고 이를 실행하는 교사 역할을 경험하는 것으로, 예비유아교사는 이를 통해 유아교육기관의 하루 일과를 익히고 유아교사로서의 생활에 적응하는 데 도움을 얻을 수 있다.

1) 일과 운영의 계획

유치원과 어린이집은 국가 수준의 교육과정인 개정 누리과정과 개정 표준보육과정을 바탕으로 각 기관의 실정에 따라 적합한 계획을 수립하여 운영하여야 한다. 하루 일과 계획 시에는 다음의 두 가지를 고려하도록 한다.

첫째, 각 기관은 교육철학, 가정과 지역사회의 특성, 영유아의 요구 등을 반영하여 자율적으로 계획을 수립한다. 계획안에는 교사가 기관과 학급 수준에서 영유아의 놀이를 지원하기 위해 필요한 사항을 미리 생각하여 준비하는 모든 과정이 포함될 수 있다. 이때 교사는 기존에 활용하였던 연간, 월간, 주간, 일일 계획안을 기관 및 학급의 특성에 적합하게 변경하여 사용할 수 있다. 즉, 계획안의 종류, 형식, 분량 등을 자율적으로 조정하여 작성할 수 있다.

둘째, 계획안을 작성할 때는 교육과 보육 모두를 포괄하여 영유아의 경험이 교육적 가치를 가지도록 놀이를 중심으로 기록하고 교사의 지원 방안을 기술한다. 영유아가 주도하는 놀이는 미리 계획하여 운영하기 어렵기 때문에 교사는 영유아가 놀이하며 경험한 내용을 중심으로 계획안을 기술할 수 있다. 영유아가 실제 놀이한 내용 및 놀이를 지원하는 내용을 포함하되 자율적인 형식으로 바꾸어 볼 수 있다. 이것은 영유아가 실제 경험한 놀이 내용과 그에 따른 교사의 놀이 지원 계획을 기술하는 형식으로, 사전 계획을 최소화하여 계획을 수립한다는 특징이 있다. 교사는 필요에 따라 안전과 관련된 사항, 영유아 특성에 따라 개별적으로 지원해야 하는 사항 등을 계획할 수 있다. 계획안을 자율적으로 작성하고, 사전 계획을 최소화함으로써 교사는 영유아가 주도하는 놀이를 적극적으로 지원할 수 있다.

(1) 영아반 일과 운영 계획 시 고려할 사항

영아를 위한 일과 계획과 구성에서는 영아의 연령과 발달 특징을 고려하여 과정중심적이고 융통성 있는 목표와 경험을 제공하여야 한다. 영아를 위한 교육과정을 계획 및 운영할 때 고려해야 할 사항은 다음과 같다.

- 양질의 상호작용이 제공되어야 한다. 성인과의 친밀하고 안정되며 개별적인 상호작용 및 또래와의 상호작용이 필요하다.
- 영아를 하나의 인격체로 존중하고 신뢰한다. 개인의 시간표, 선택과 결정을 존중하며, 집단적인 일정보다는 개별화되고 융통성 있는 일과로 운영되어야 한다.
- 영아들이 실제적인 경험을 할 수 있는 기회를 제공해야 한다. 주변 환경 속에서 이루어지는 다양한 경험이 곧 학습의 기회가 되므로 일상생활에 근거한 학습 환경을 제공한다.
- 영아가 성공적인 경험, 성취감을 느낄 수 있는 경험을 제공한다.
- 영아가 원하는 시간에 활동이 이루어질 수 있도록 융통성 있게 운영한다.
- 반복적인 일과는 영아에게 마음의 안정을 가져다준다. 일과 계획을 하되 시간대별 활동은 융통성을 가지고 운영한다.
- 매일의 활동은 서두르지 말고 영아의 속도에 맞춰 진행한다.
- 안정감을 느낄 수 있는 범위 내에서 영아가 스스로 할 수 있도록 격려한다.

- 영아가 행동의 한계에 대해 배우고 그 한계를 수용할 수 있도록 한다.
- 타인과의 의사소통 방법을 배울 수 있도록 영아를 대화에 참여하도록 한다.
- 영아에게 하는 질문은 분명하게 한다.
- 학부모를 존중하고 그들의 선택 역시 존중한다.

(2) 유아반 일과 운영 계획 시 고려할 사항

유아를 위한 일과 계획과 운영은 유아 개인의 생체 리듬에 따라 진행되어야 하는 일상생활의 측면을 반영하면서도, 다양한 유형의 활동을 개별, 소집단, 대집단의 형태로 일과에 포함하여 운영할 수 있다. 유아를 위한 교육과정을 계획 및 운영할 때 고려해야 할 사항은 다음과 같다.

- 유아들의 관심과 경험을 반영하는 주제에 따라 활동들을 통합하여 운영한다.
- 연령에 따라 활동 내용, 활동 운영 시간, 그리고 활동 유형을 다르게 구성한다.
- 실내 · 외 자유놀이를 일과에 매일 포함하여 개별 또는 소집단으로 유아들이 자기 주도적인 활동을 통해 학습하도록 돕는다.
- 정적인 활동과 동적인 활동 간의 균형을 이룬다.
- 개인 및 집단의 욕구를 조화롭게 반영하여 개별 활동과 집단 활동, 개별적 상호작용과 집단적 상호작용을 고르게 경험하도록 한다.
- 대 · 소집단 활동은 각 활동의 특성에 따라 균형적으로 구성하며 그 빈도를 조정한다.
- 유아가 하루 일과를 마무리하면서 성취감을 느끼며 평가해 볼 수 있는 시간을 갖게 한다.

2) 하루 일과 운영

개정 누리과정 및 개정 표준보육과정에서는 교사가 미리 계획하여 하루 일과를 운영하기보다는 영유아의 흥미와 관심에 따라 놀이를 충분히 즐기도록 탄력적으로 편성·운영하는 것이 중요하다.

(1) 융통성 있는 하루 일과 운영

유치원과 어린이집의 하루 일과는 영유아가 주도하는 놀이를 중심으로 편성·운영하도록 한다. 영유아는 하루 일과에서 놀이, 일상생활, 활동 등을 하면서 다양한 경험을 한다. 놀이는 바깥놀이를 포함하여 하루 일과 중 가장 길게 그리고 우선적으로 편성 및 운영하여 영유아가 충분히 놀이할 수 있도록 한다. 일상생활에 포함되는 등원, 손 씻기, 화장실 다녀오기, 간식 및 점심, 휴식 및 낮잠 등은 영유아의 신체적 리듬을 반영하여 편성·운영함으로써 영유아들이 즐겁게 하루를 보낼 수 있도록 한다. 활동은 영유아 놀이를 통해 배움을 확장하도록 돕는 교사의 지원이다. 교사는 영유아가 주도하는 놀이를 지원하는 데 필요한 활동을 계획하여 운영할 수 있다. 교사는 미리 계획한 활동을 모두 해야 한다거나 정해진 순서대로 일과를 운영해야 한다는 부담을 내려놓고 영유아가 주도하는 놀이의 흐름에 따라 융통성 있게 일과를 운영하도록 한다.

(2) 하루 2시간 이상 충분한 놀이시간 운영

놀이시간은 짧게 여러 번 제공하기보다 긴 시간으로 편성하여 놀이의 흐름이 끊기지 않고 영유아가 충분히 놀이에 몰입하도록 한다. 교사는 바깥놀이를 포함하여 놀이시간을 2시간 이상 확보하되, 날씨와 계절, 기관의 상황, 영유아의 관심사와 놀이 특성 등을 고려하여 융통성 있게 편성·운영한다.

(3) 시간대별 하루 일과 운영의 예

일반적으로 유치원의 하루 일과는 교육과정(4~5시간)과 방과후과정(1일 8시간)으로 운영되며, 어린이집의 하루 일과는 종일제(1일 12시간)로 운영된다. 유치원의 교육과정반과 방과후과정반, 그리고 어린이집 영아반의 하루 일과 운영의 예를 제시하면 다음과 같다.

① 유치원 교육과정반 하루 일과의 예

시 간	내 용
~ 9:00	등원
9:00 ~ 10:00	실내 자유놀이
10:00 ~ 10:30	정리정돈 및 간식
10:30 ~ 11:00	대 · 소집단 활동
11:00 ~ 12:00	바깥놀이
12:00 ~ 13:00	점심 및 휴식
13:00 ~ 13:30	중점교육(안전 및 특색교육)
13:30 ~ 13:40	하루 돌아보기 및 귀가 준비
13:40~	귀가

② 유치원 방과후과정반 하루 일과의 예

시 간	내 용
8:30 ~ 9:00	등원
9:00 ~ 10:00	실내 자유놀이
10:00 ~ 10:30	정리정돈 및 간식
10:30 ~ 10:50	이야기나누기

10:50 ~ 11:30	대 · 소집단 활동
11:30 ~ 12:30	점심 및 휴식
12:30 ~ 13:30	바깥놀이
13:30 ~ 13:50	동화
13:50 ~ 14:00	교육과정반 활동 평가
14:00 ~ 15:30	방과후 특별활동 운영
15:30 ~ 17:00	오후 간식 및 실내 자유놀이
17:00 ~	귀가

③ 어린이집 영아반 하루 일과의 예

시 간	내 용
7:30 ~ 9:00	등원
9:00 ~ 9:20	화장실 다녀오기, 손 씻기
9:20 ~ 10:00	오전 수유 및 이유, 오전 간식, 기저귀 갈기
10:00 ~ 11:30	실내 자유놀이
11:30 ~ 12:20	점심 식사
12:20 ~ 13:00	실외 활동
13:00 ~ 15:00	음악 감상 및 낮잠
15:00 ~ 15:30	오후 수유 및 이유, 오후 간식, 기저귀 갈기
15:30 ~ 16:00	실내 자유놀이 및 귀가
16:00 ~ 19:30	연장보육

3. 영아반 일과 운영 시 교사의 역할

1) 영아반 교사의 역할

영아기는 생애 중 성장과 발달의 변화가 가장 급격하고 다채로운 시기이다. 따라서 다른 어느 시기보다도 영아의 발달적 특성과 요구에 적절하게 지원해 줄 수 있도록 일과를 준비하고 운영하여야 한다. 영아반 교사는 영아기의 주요 특성 및 발달과업과 관련하여 안전한 환경 제공, 안정애착 형성, 신체발달 지원, 비언어적 의사소통, 기본생활습관 등을 고려한 일과 운영을 하여야 한다(박찬옥 · 최현정 · 노희연 · 김성숙, 2020).

(1) 안전한 환경 제공

영아의 안전 보장은 영유아교사의 가장 기본적인 역할이다. 영아는 안전에 대한 인식이 미흡하므로, 교사는 민감하게 환경을 점검하고 영아의 행동을 살펴야 한다. 영아가 놀잇감을 입에 넣거나 갑작스럽게 던지는 등의 위험한 행동을 할 수 있으므로 세심하게 관찰하여야 한다. 또 영아가 신체적으로 균형감각이나 조절력의 부족으로 움직이다가 다치는 경우가 있으므로 주변 환경의 위험요소를 제거하고 안전한 환경에서 자유롭게 도전해 볼 수 있는 환경을 마련한다.

(2) 안정애착 형성

영아기는 애착형성의 중요한 시기로, 영아는 양육자뿐 아니라 어린이집 교사와도 애착을 형성하게 된다. 교사와의 안정애착 형성은 어린이집에서 안정적으로 생활하기 위한 기초이며, 또래 및 더 넓은 사회적 관계 형성에서 중요한 요인이 된다. 교사는 영아를 많이 바라봐 주고, 많이 안아주며, 이름을 다정하게 불러주고, 영아와의 신체적 접촉을 많이 하는 등의 노력을 기울여 안정애착을 형성할 수 있도록 한다.

(3) 신체발달 지원

영아기는 신체성장의 급등기이므로, 교사는 균형적인 영양섭취, 휴식, 배설 등의 일상생활과 신체활동을 돕는 놀이와 활동 등을 통해 신체발달을 지원한다.

(4) 비언어적 의사소통

언어발달 과정에서 영아는 눈짓, 몸짓, 표정, 손으로 가리키기 등의 비언어적 의사소통을 많이 시도한다. 이때 교사는 영아의 신호를 민감하게 읽고 영아의 입장에서 다시 말해줌으로써 영아가 교사와 소통하고 있다고 느끼도록 하며 영아의 언어발달도 지원한다.

(5) 기본생활습관 형성 지원

어린이집의 일상 속에서 기본적인 생활을 반복함으로써 영유아의 건강한 생활 습관이 형성될 수 있다. 교사는 기본생활을 잘하도록 강요하기보다는 일과 속에서 자연스럽게 반복함으로써 조금씩 기본생활에 대한 태도와 습관이 형성될 수 있도록 모범을 보이고 도움을 제공한다.

2) 하루 일과 운영에 따른 영아반 교사의 역할

영유아교사가 하루 일과에서 어떤 역할을 담당하는지 2세 미만 영아, 2세 영아로 구분하여 살펴본다(염지숙 · 김혜선 · 김희태 · 김경희 · 이명순 · 서동미, 2015).

(1) 2세 미만의 영아

시 간	주요 일과	교사의 역할
7:30~9:00	등원 및 실내활동	• 영아 맞이 및 수첩 확인 • 부모가 데리고 오는 경우 부모와 인사 및 영아의 컨디션에 대한 대화
9:00~9:20	대소변 가리기	• 입고 온 웃옷을 벗겨서 옷걸이에 정리 • 기저귀 갈이/화장실 다녀오기 및 손 씻기기
9:20~10:30	오전 간식 및 실내 자유놀이	• 간식을 먹여주거나 먹을 수 있도록 지도 • 간식을 먹은 뒤 정리정돈 • 놀이 지원
10:30~10:50	정리정돈 및 전이활동	• 교사 정리정돈 및 영아 정리정돈 유도(대부분 교사 정리) • 다음 놀이 장소 알려주기
10:50~11:30	실외 자유놀이	• 교사가 준비한 실외활동 및 물·모래놀이 • 실외활동 전 기저귀 확인/화장실 다녀오기
11:30~12:30	점심 및 이닦기	• 손씻기 지도 • 수유/이유식 및 식사 지도 • 이닦기 지도
12:30~15:00	낮잠 준비 및 낮잠	• 낮잠 전 기저귀 갈이/화장실 다녀오기 • 개인 매트 깔기 • 조용한 음악을 틀어주고 품에 안거나 눕혀서 재우기
15:00~16:30	정리정돈 및 오후 간식	• 잠자리 정리 • 기저귀 갈이/화장실 다녀오기 • 손씻기 지도 후 간식 지도
16:30~18:00	실내외 자유놀이	• 교실 외 다른 공간에서 놀이하도록 안내
18:00~19:30	조용한 놀이 및 귀가	• 소지품 챙기기 • 씻기기, 옷 입히기, 개별 수첩 및 일일보고서 작성 • 하루 동안의 영아 상태를 부모와 이야기 나누기 • 부모와 상담 전화하기

(2) 2세 영아

시 간	주요 일과	교사의 역할
7:30~9:00	등원 및 실내활동	• 영아 맞이 및 수첩 확인 • 부모가 데리고 오는 경우 부모와 인사 및 영아의 컨디션에 대한 대화
9:00~9:20	화장실 다녀오기	• 입고 온 웃옷을 함께 정리 • 손씻기 지도 및 배변활동을 부분적으로 도와주기
9:20~10:30	오전 간식 및 실내 자유놀이	• 간식 차리고, 먹기 지도 • 간식을 먹은 뒤 정리정돈 • 놀이 지원
10:30~10:50	정리정돈 및 전이활동	• 교사 정리정돈 및 영아 정리정돈 유도 • 간단한 전이활동 • 다음 놀이 장소 알려주기
10:50~11:30	실외 자유놀이	• 교사가 준비한 실외활동 및 물 · 모래놀이 안내 • 실외활동 전 기저귀 확인 및 배변지도
11:30~12:30	점심 및 이닦기	• 손씻기 지도 • 식사 지도 • 이닦기 지도(부분적으로 도와줌)
12:30~15:00	낮잠 준비 및 낮잠	• 낮잠 전 기저귀 갈이 및 화장실 배변지도 • 개인 매트 깔기 • 조용한 음악을 틀어주기
15:00~16:30	정리정돈 및 오후 간식	• 잠자리 정리 • 기저귀 갈이/화장실 다녀오기 • 손씻기 지도 후 간식 지도 • 스스로 먹도록 지도
16:30~18:00	실내외 자유놀이	• 교실 외 다른 공간에서 놀이하도록 안내
18:00~19:30	조용한 놀이 및 귀가	• 소지품 챙기기 • 씻기, 옷 입히기, 개별 수첩 및 일일보고서 작성 • 하루 동안의 영아 상태를 부모와 이야기 나누기 • 부모와 상담 전화하기

4. 유아반 일과 운영 시 교사의 역할

1) 유아반 교사의 역할

유아반 교사는 지적 호기심이 늘어나고 사회적 기술이 발달하며 놀이를 통해 갈등과 협력을 학습하는 등의 유아기 주요 특성 및 발달과업과 관련하여 사고발달 지원, 사회관계 기술 지원, 놀이 지원, 정서발달 지원, 평가 등을 고려한 일과 운영을 하여야 한다(박찬옥 외, 2020).

(1) 사고발달 지원

유아기는 지적 호기심이 발달하여 유아는 자신의 관심 분야에 대해 주도적으로 학습하며 성취감을 느낀다. 교사는 유아의 관심과 흥미를 반영하여 그것을 주도적으로 알아갈 수 있는 기회를 제공하고 유아에게 필요한 자료나 환경을 제공하는 역할을 한다. 유아의 지적 호기심에 대해서는 교사가 직접 알려주기보다는 유아 스스로 알아보려는 동기를 부여함으로써 학습의 과정을 즐기고 사고를 발전시키며 성취감을 느낄 수 있도록 지원한다.

(2) 사회관계 기술 지원

유아는 함께 놀고, 의논하고, 학습하는 기회가 많아짐에 따라 갈등도 많이 경험한다. 교사는 유아들이 갈등 상황을 잘 이해하고 해결해 나갈 수 있도록 적절히 중재하고 서로의 생각을 함께 나누고 협의할 수 있는 기회를 통해 유아의 사회적 기술이 발전할 수 있도록 돕는다.

(3) 놀이 지원

유아는 놀이를 통해 다양한 학습의 기회를 갖게 되는데, 교사는 유아의 관심과 흥미에 맞는 놀이 환경을 제공해야 한다. 놀이 속에 담긴 교육적 의미를 잘 분석하여 이를 심화시킬 수 있는 활동, 자료, 상호작용 등을 제공한다.

(4) 정서발달 지원

유아기에는 주도적으로 하고자 하는 것들이 많아지고 또래와의 관계도 다양해진다. 교사는 이 과정에서 유아가 자신이 느끼는 정서를 적절하게 표현하고 조절할 수 있도록 도와야 한다. 이를 위해 교사가 모범을 보이고 유아의 정서를 인정해 주며 적절하게 표현하고 조절할 수 있도록 지원한다.

(5) 평가자로서의 역할

교사는 유아의 말과 행동을 잘 관찰하고, 교사가 제시하는 활동의 진행 과정을 평가하여 유아에게 좀 더 적합한 교육내용을 제공할 수 있도록 한다.

2) 하루 일과 운영에 따른 유아반 교사의 역할

유아교사가 하루 일과에서 어떤 역할을 담당하는지 살펴본다(염지숙 외, 2015). 단, 일과는 어린이집 연장보육 시간을 기준으로 제시하였다.

시 간	주요 일과	교사의 역할
7:30~9:00	등원 및 실내활동	• 유아 맞이하기 • 부모가 데리고 오는 경우 부모와 인사 및 간단한 대화
9:00~10:30	실내 자유놀이 및 오전 간식	• 유아의 놀이계획에 대해 이야기 나누기 • 유아가 원하는 양만큼 간식 배식
10:30~10:45	정리정돈 및 화장실 다녀오기	• 정리정돈 음악 틀기 • 화장실을 다녀오도록 이야기하기 • 대·소집단 활동을 위한 준비
10:45~11:15	이야기나누기 및 대집단 활동	• 자유놀이 회상하기 • 특별한 사항을 이야기 나누고 유아와 함께 의논하기
11:15~12:30	실외 자유놀이	• 대근육활동, 탐구활동, 물·모래놀이 등 다양한 놀이를 하도록 안내
12:30~13:30	점심 및 이닦기	• 손씻기 지도 • 점심식사(유아가 직접 원하는 양을 담아보기도 함) • 이닦기(유아가 스스로 할 수 있도록 지도)
13:30~14:30	휴식 및 낮잠	• 교실에서 휴식 취하도록 하기 • 낮잠이 필요한 경우 매트를 깔아줌(학기 말에 낮잠 자는 유아들이 줄어들면 조용한 놀이를 하도록 지도)
14:30~16:30	실내 자유놀이 및 오후 간식	• 놀이를 확장하기 • 유아를 참여시켜 간식 준비
16:30~18:00	실내외 자유놀이	• 오전 활동의 심화활동 및 특별히 계획된 활동 진행
18:00~19:30	조용한 놀이 및 귀가	• 부모님이 오시는 대로 귀가

Chapter 6

유아교육기관의 교직원 구성 및 현직교육

학습주제

1. 유치원의 교직원 구성 및 현직교육
2. 어린이집의 교직원 구성 및 현직교육

1. 유치원의 교직원 구성 및 현직교육

1) 유치원의 교직원 구성

유치원의 교직원은 교원과 직원으로 구분할 수 있다. 먼저 교원은 원장, 원감, 그리고 수석교사, 1급 정교사, 2급 정교사, 준교사가 있으며, 직원으로는 촉탁의사, 영양교사(영양사), 보건교사(간호사) 및 행정 직원 등이 있다. 유치원 원장, 원감 및 교사의 자격 기준은 다음과 같다.

〈표 6-1〉 유치원 원장 · 원감 자격 기준

구 분	자격 기준
원 장	1. 유치원의 원감자격증을 가지고 3년 이상의 교육경력과 소정의 재교육을 받은 자 2. 학식 · 덕망이 높은 자로서 대통령령이 정하는 기준에 해당한다고 교육부장관의 인정을 받은 자
원 감	1. 유치원 정교사(1급) 자격증을 가지고 3년 이상의 교육경력과 소정의 재교육을 받은 자 2. 유치원 정교사(2급) 자격증을 가지고 6년 이상의 교육경력과 소정의 재교육을 받은 자

〈표 6-2〉 유치원 교사 자격 기준

종 별	자격 기준
정교사 (1급)	1. 유치원 정교사(2급) 자격증을 가진 자로서 3년 이상의 교육경력을 가지고 소정의 재교육을 받은 자 2. 유치원 정교사(2급) 자격증을 가지고 교육대학원 또는 교육부장관이 지정하는 대학원의 교육과에서 유치원 교육과정을 전공하여 석사학위를 받은 자로서 1년 이상의 교육경력이 있는 자
정교사 (2급)	1. 대학에 설치하는 유아교육과 졸업자 2. 대학(전문대학 및 이와 동등 이상의 각종 학교와 「평생교육법」 제31조 제4항에 따른 전문대학학력인정 평생교육시설을 포함한다) 졸업자로서 재학 중 소정의 보육과 교직학점을 취득한 자 3. 교육대학원 또는 교육부장관이 지정하는 대학원의 교육과에서 유치원 교육과정을 전공하고 석사학위를 받은 자 4. 유치원 준교사 자격증을 가진 자로서 2년 이상의 교육경력을 가지고 소정의 재교육을 받은 자
준교사	1. 유치원 준교사 자격검정에 합격한 자

유치원 교원 중 수석교사는 유치원에서 관리직이 아닌 교단 교사로서 전문적 자격을 소유한 교원이다. 특히 교수와 연구에 우수한 자질과 능력을 갖추고, 자

신의 전문성을 다른 교사와 공유할 의지와 역량을 가진 자를 의미하는데, 수석교사제는 2008년 시범 운영되기 시작하여 2011년 법제화된 후 2012년부터 공식 도입되었다. 수석교사의 자격은 유치원 정교사 1급 또는 2급 자격증을 소지하고, 15년 이상의 교육경력을 가지고 있을 때 가능하다. 수석교사의 주요 역할은 교사 대상의 장학, 연수를 주도하는 등 연구 활동을 중점적으로 하게 되므로 연구활동비 수당이 지급되며, 이때 수업은 1/2로 경감할 수 있다.

▣ 수석교사의 배치 기준(유아교육법 시행령 제23조의2)

① 수석교사는 유치원별로 1명씩 두되, 유아 수가 100명 이하인 유치원 또는 학급 수가 4학급 이하인 유치원에서는 수석교사를 두지 아니할 수 있다.
② 수석교사는 학급을 담당하지 아니한다. 다만, 유치원 규모 등 유치원 여건에 따라 학급을 담당할 수 있다.
③ 제1항 및 제2항에서 규정한 사항 외에 수석교사의 배치에 필요한 구체적인 사항은 교육부장관이 정하는 기준에 따라 관할청이 정한다. 〈개정 2013. 2. 23.〉

2) 유치원 교원의 현직교육

현직교육은 교직에 대한 새로운 지식과 기술을 익히고 교사 자질을 향상시키기 위한 교육으로, 교원연수교육 또는 재교육이라고도 한다(이경화, 2010). 유치원 교원의 현직교육은 「교원 등의 연수에 관한 규정」(2021. 1. 5)에 따라 직무연수와 자격연수로 나뉜다. 여기에 더하여 법정의무연수가 추가된다.

〈표 6-3〉 유치원 교원 연수 유형

<table>
<tr><th>종 류</th><th colspan="2">내 용</th><th>기간 및 이수시간</th></tr>
<tr><td>직무연수</td><td colspan="2">• 「교원 등의 연수에 관한 규정」 제18조에 따른 교원능력개발평가 결과 직무수행능력 향상이 필요하다고 인정되는 교원 대상
• 「교육공무원법」 제45조 제3항에 따라 복직하려는 교원 대상
• 교육의 이론, 방법 연구 및 직무수행에 필요한 능력 배양을 위한 직무연수</td><td>해당 연수원장이 정함</td></tr>
<tr><td rowspan="3">자격연수</td><td rowspan="3">교원의 상급 자격을 취득하기 위한 연수</td><td>1급 정교사 과정</td><td rowspan="2">15일 이상/
90시간 이상</td></tr>
<tr><td>원감 과정</td></tr>
<tr><td>원장 과정</td><td>25일 이상/
180시간 이상</td></tr>
<tr><td>법정의무연수</td><td colspan="2">• 시간형 의무연수 : 인성교육, 아동학대 신고의무자교육, 긴급복지 신고의무자교육, 부패방지교육 등
• 횟수형 의무연수 : 교육활동 침해행위 예방교육, 장애인식개선교육, 부정청탁 금지 및 금품 등의 수수 금지교육 등
• 비지정형 의무연수 : 다문화 이해교육, 기타 법정의무연수 등</td><td>연수 유형별 근거법령 운영지침에 따라 소관부처에서 정함</td></tr>
</table>

2. 어린이집의 교직원 구성 및 현직교육

1) 어린이집의 교직원 구성

어린이집의 교직원은 원장과 보육교사를 포함하는 교원, 간호사, 영양사, 취사부 및 조리사, 의사(촉탁의사), 사회복지사, 사무원, 관리인, 위생인, 운전기사 등을 포함하는 직원으로 구성된다. 어린이집 원장은 어린이집을 총괄하고 보육교사와 그 밖의 직원을 지도·감독하며 영유아를 보육하는 업무를 수행하고, 보육교사는 영유아를 보육하고 어린이집의 원장이 불가피한 사유로 직무를 수행할 수 없을 때 그 직무를 대행하는 자들을 모두 통칭한다. 어린이집 원장 및 보육교사, 특수교사 및 장애영유아를 위한 보육교사의 자격 기준은 다음과 같다.

〈표 6-4〉 어린이집 원장 자격 기준

구 분	자격 기준
일반기준	1. 보육교사 1급 자격을 취득한 후 3년 이상의 보육 등 아동복지업무 경력이 있는 사람 2. 유치원 정교사 1급 자격 또는 특수학교(유치원 과정)의 정교사 자격을 취득한 후 3년 이상의 보육 등 아동복지업무 경력이 있는 사람 3. 유치원 원장의 자격을 가진 사람 4. 초등학교 정교사 자격 또는 특수학교(초등학교 과정)의 정교사 자격을 취득한 후 5년 이상의 보육 등 아동복지업무 경력이 있는 사람 5. 사회복지사 1급 자격을 취득한 후 5년 이상의 보육 등 아동복지업무 경력이 있는 사람 6. 간호사 면허를 취득한 후 7년 이상의 보육 등 아동복지업무 경력이 있는 사람 7. 국가 또는 지방자치단체 7급 이상의 공무원으로 보육 등 아동복지업무에 5년 이상 근무한 경력이 있는 사람
가정어린이집	1. 일반기준에서 정한 자격을 갖춘 사람 2. 보육교사 1급 이상 자격을 취득한 후 1년 이상의 보육업무 경력이 있는 사람
영아전담 어린이집	1. 일반기준에서 정한 자격을 갖춘 사람 2. 간호사 면허를 취득한 후 5년 이상의 아동간호업무 경력이 있는 사람
장애아 전문어린이집	일반기준에서 정한 자격을 갖춘 사람으로서 다음의 어느 하나에 해당하는 사람 - 대학(전문대학을 포함)에서 장애인복지 및 재활관련학과를 전공한 사람 - 장애영유아 어린이집에서 2년 이상의 보육업무 경력이 있는 사람
대학 또는 교육훈련시설이 운영(위탁 또는 부설)하는 어린이집	1. 일반기준에서 정한 자격을 갖춘 사람 2. 어린이집을 운영하는 대학의 조교수 또는 교육훈련시설의 전임교수 이상으로서 보육관련 교과목에 대하여 3년 이상의 교육경력이 있는 사람 * 조건부 어린이집 원장 자격을 부여받을 수 있으나, 겸임제한 규정에 따라 원장을 겸임할 수 없음

〈표 6-5〉 보육교사 자격 기준

구 분	자격 기준
보육교사 (1급)	1. 보육교사 2급 자격을 취득한 후 3년 이상의 보육업무 경력이 있는 사람으로서 교육부장관이 정하는 승급교육을 받은 사람 2. 보육교사 2급 자격을 취득한 후 보육 관련 대학원에서 석사학위 이상을 취득하고 1년 이상의 보육업무 경력이 있는 사람으로서 교육부장관이 정하는 승급교육을 받은 사람
보육교사 (2급)	1. 전문대학 또는 이와 같은 수준 이상의 학교에서 교육부령으로 정하는 보육관련 교과목 및 학점을 이수하고 졸업한 사람 2. 보육교사 3급 자격을 취득한 후 2년 이상의 보육업무 경력이 있는 사람으로서 교육부장관이 정하는 승급교육을 받은 사람
보육교사 (3급)	고등학교 또는 이와 같은 수준 이상의 학교를 졸업한 사람으로서 교육부령으로 정하는 교육훈련시설에서 정해진 교육과정을 수료한 사람

〈표 6-6〉 특수교사 및 장애영유아를 위한 보육교사 자격 기준

구 분	자격 기준
장애영유아를 위한 어린이집 특수교사	1. 3세 이상 장애아 대상 특수교사 –「초 · 중등교육법」에 따른 특수학교 정교사 2급 이상의 자격증(유치원 과정만 해당)을 소지한 사람 2. 0~2세 장애아 대상 특수교사 – 3세 이상 장애아 대상 특수교사 자격에 해당하는 자 –「초 · 중등교육법」에 따른 특수학교 정교사 1급 및 2급, 준교사 자격증을 취득한 자 –「초 · 중등교육법」에 따른 치료교육 과목의 특수학교 실기교사 자격증을 취득한 자 –「고등교육법」에 따른 대학 등(대학원 포함)에서 특수교육 또는 재활관련학과를 전공하고 졸업한 자
장애영유아를 위한 보육교사	1. 「영유아보육법」에 따른 보육교사 2급 이상의 자격증을 소지한 사람 2. 교육부령으로 정하는 특수교육 또는 재활관련 교과목 및 학점을 「고등교육법」에 따른 학교에서 이수하거나 「학점인정 등에 관한 법률」에 따라 인정받은 사람

2) 어린이집 교원의 현직교육

어린이집 교원 또한 「영유아보육법」 제23조와 제23조의2에 따라 보육에 필요한 지식과 능력을 유지 · 개발하기 위하여 다양한 유형의 현직교육을 실시하고 있다. 현직교육에는 정기적으로 받는 직무교육, 상위 등급의 자격을 취득하기 위한 승급교육, 그리고 어린이집 원장의 자격을 갖추기 위한 사전직무교육이 있다.

〈표 6-7〉 어린이집 교원 보수교육 유형

<table>
<tr><th colspan="3">교육구분</th><th>교육대상</th><th>교육시간</th><th>비 고</th></tr>
<tr><td rowspan="6">직무교육</td><td rowspan="3">일반직무교육</td><td>보육교사</td><td>현직에 종사하고 있는 보육교사로서 보육업무 경력이 만 2년을 경과한 자와 보육교사 직무교육(승급교육 포함)을 받은 해부터 만 2년이 경과한 자</td><td>40시간</td><td>매 3년마다</td></tr>
<tr><td>원장</td><td>어린이집 원장의 직무를 담당한 때부터 만 2년이 지난 경우</td><td>40시간</td><td>매 3년마다</td></tr>
<tr><td>장기 미종사자</td><td>만 2년 이상 보육업무를 수행하지 아니하다가 다시 보육업무를 수행하고자 하는 보육교사 또는 원장 자격 취득자</td><td>40시간</td><td>이수 하고자 하는 자</td></tr>
<tr><td rowspan="3">특별직무교육</td><td>영아 보육</td><td>영아보육 담당인 일반직무교육 대상자와 영아보육을 담당하고자 하는 보육교사 및 어린이집 원장</td><td>40시간</td><td rowspan="3">이수 하고자 하는 자</td></tr>
<tr><td>장애아 보육</td><td>장애아보육을 담당하고 있는 일반직무교육 대상자와 장애아보육을 담당하고자 하는 보육교사 및 어린이집 원장</td><td>40시간</td></tr>
<tr><td>방과후 보육</td><td>방과후보육을 담당하고 있는 일반직무교육 대상자와 방과후보육을 담당하고자 하는 보육교사 및 어린이집 원장</td><td>40시간</td></tr>
<tr><td rowspan="2">승급교육</td><td colspan="2">2급 승급교육</td><td>보육교사 3급의 자격을 취득한 후 보육업무 경력이 만 1년이 경과한 자</td><td>80시간</td><td rowspan="2">이수 하고자 하는 자</td></tr>
<tr><td colspan="2">1급 승급교육</td><td>보육교사 2급의 자격을 취득한 후 보육업무 경력이 만 2년이 경과한 자 및 2급의 자격을 취득한 후 보육 관련 대학원에서 석사학위를 취득한 경우 보육업무 경력이 만 6개월이 경과한 자</td><td>80시간</td></tr>
<tr><td colspan="3">원장 사전직무교육</td><td>「영유아보육법 시행령」 [별표 1] 제1호의 가목부터 라목(일반, 가정, 영아전담, 장애아전담 어린이집 원장)까지 어느 하나의 자격을 취득하고자 하는 자</td><td>80시간</td><td>이수 하고자 하는 자</td></tr>
</table>

PART 02

유아교사 양성과정의 이해

Chapter **7**

유아교사의 유형과 양성과정

학습주제

1. 유치원교사 양성과정 및 자격 취득 기준
2. 보육교사 양성과정 및 자격 취득 기준

1. 유치원교사 양성과정 및 자격 취득 기준

1) 유치원교사 자격 취득을 위한 학점 이수

(1) 전공과목 이수

유치원교사 자격 취득을 위해서는 먼저 전공과목을 이수해야 한다. 전공과목은 '기본이수과목'과 '교과교육영역과목'으로 나누어 살펴볼 수 있다.

'기본이수과목'이란 대학 또는 전문대학의 졸업이나 석사학위 취득을 요건으로 교사자격증을 취득하는 경우 표시과목별(또는 자격종별)로 반드시 이수하여야 할 전공과목을 말한다. 기본이수과목의 이수학점 적용 기준은 2급 정교사의 경우 21학점(7과목) 이상이다. 기본이수과목은 원칙적으로 전공으로 개설하고 이수해야 하나

불가피하게 일반선택이나 교양으로 개설하여 이수한 경우, 이 과목을 기본이수과목의 이수로 인정받을 수 있지만 전체 전공과목의 합계에는 포함할 수 없다.

'교과교육영역과목'은 교과교육론, 교과교재연구 및 지도법, 교과 논리 및 논술, 교과별 교수법, 교과별 교육과정, 교과별 평가방법론 등으로, 대학별로 8학점 이상(3과목 이상) 이수하여야 한다.

(2) 교직과목 이수

2급 이상 교사자격 취득 예정자는 22학점 이상의 교직과목을 이수하되, 교직이론, 교직소양, 교육실습의 세 영역별 이수학점 기준에 따라야 한다. 2024학년도 입학자부터는 교직과목 이수 관련 내용이 일부 변경된 기준으로 적용된다. 즉, 교직이론 과목의 이수학점은 과목당 2학점 이상, 교직소양 과목은 종전과 달리 과목당 1~2학점으로 이수 가능하나 '디지털 교육' 내용을 필수 이수하여야 한다. 그 밖에 교직과목명은 법령에 명시되어 있어 대학이 임의로 변경하여 운영할 수 없다. 교직과목의 영역별 구성은 〈표 7-1〉과 같다.

〈표 7-1〉 교직과목의 영역별 구성

구분	영역	이수학점	내용 구성
교직과목	교직이론	12학점, 6과목 이상	일선 교육현장에서 필수적으로 요구되는 최소한의 교직이론 영역(교과목명 일치)
	교직소양	6학점 이상	교직실무(1~2학점), 특수교육학개론(2학점), 학교폭력 예방 및 학생의 이해(2학점), 디지털 교육(1~2학점, 인공지능 교육 포함) ※ 단, 부칙(제2023-14호)에 따라 시행 당시(2023. 3. 29) 교직과정을 이수 중인 학생을 포함하여 적용 가능
	교육실습	4학점 이상	학교현장실습 2학점 이상(수업실습, 참관실습, 실무실습 등), 교육봉사활동 2학점(P/F제 가능) 이상 포함 가능

출처 : 교육부(2025d).

(3) 성적 기준 적용 및 산출 방법

2013학년도 이후 모든 교사자격증 취득 예정자를 대상으로 자격증 취득을 위한 성적 기준이 적용되고 있다. 성적산출 방법은 전공과목 평균 75점 이상, 교직과목 평균 80점 이상이다. 편입학자 및 재입학자의 경우 학점 산출 방법은 다음과 같다.

- 편입학 및 재입학자의 전적 대학 또는 제적 이전대학에서 이수한 과목의 학점 인정은 무시험검정을 실시하는 기관의 학칙이 정한 바에 따라 졸업학점으로 인정되는 과목 전체에 한하여 전적 대학의 성적표를 무시험검정 서류에 첨부해야 한다.
- 전공학점 인정의 편입 대학의 전공과 일치하는 전적 대학 또는 제적 이전대학의 전공과목(성적표의 이수 구분이 전공으로 표시된 과목)에 한하여 인정한다. 단, 기본이수과목의 경우 이수과목의 이수 구분 표시가 전공이 아닌 경우라도 인정할 수 있으나 무시험검정 합격 기준에서 요구하는 전공 전체 학점의 범위에는 포함할 수 없다.
- 교직과목의 학점 인정은 교직과정이 설치된 전적 대학 또는 제적 이전대학에서 개설된 교직과목을 이수한 경우만 인정해야 한다.

2) 유치원교사 자격 검정 및 수여 과정

유치원교사 자격 취득을 위한 검정 방법은 무시험검정으로, 대학에서 유아교육을 전공한 졸업예정자의 경우 교육부장관으로부터 승인받은 표시 과목 또는 전공 학과와 관련되는 담당 과목의 학점 이수에 따라 이루어진다. 자격검정은 교육부장관의 권한을 위임 및 위탁받아 이루어지며, 최종 자격증은 교육부장관의 권한을 위임 및 위탁받아 대학의 장이 수여하게 된다.

교원자격 검정 업무는 먼저 졸업예정자 또는 졸업자로부터 「교원자격검정령 시행규칙」 제9조의 규정에 의한 검정서류를 접수하여 심사한 후, 졸업 사정과 함께 확정하여 교원자격증을 발급하게 된다. 졸업예정자는 졸업 10일 전까지 검정을 완료하여야 하고(교원자격증 발급일은 졸업일 또는 그 이후), 졸업자는 대학의 장 또는 시·도 교육감이 별도로 정한 시기(연 2~4회)에 가능하다. 교원자격 검정 시에는 교원자격 무시험검정 합격 기준에 따른 다음의 요건 등을 확인하여야 한다.

- 졸업 여부(졸업유예자는 대상에서 제외)
- 교직과정 이수 예정자 명부 등재 여부(교직과정 이수자에 한함)
- 교과교육영역, 전공과목(기본이수과목 포함) 및 교직과목의 이수 기준과 학점 취득 여부
- 성적 기준 충족 여부
- 교직 적성 및 인성검사 기준 충족 여부(적격 판정 관련 서류 및 횟수)
- 응급처치 및 심폐소생술 실습 기준 충족 여부(실습 관련 서류 및 횟수)
- 성인지 교육 기준 충족 여부(이수 관련 서류 및 횟수)
- 교사 자격 취득 결격사유 여부(관련 서류)
  - 마약·대마·향정신성의약품 중독, 성범죄 이력 관련 서류

무시험검정 합격을 위한 요건으로, 반드시 교사자격증을 부여하는 대학을 졸업하기 이전에 정규과정을 통하여 취득한 학점만 인정된다. 이때 졸업 전 타 대학과의 교류에 의해 취득한 학점이 포함되며, 이 중 교직과목 학점은 교직과정이 설치된 대학에서 이수한 학점만 인정한다.

〈표 7-2〉 유치원교사 자격 취득을 위한 무시험검정 합격 기준(수업연한 3년 이하 기준)

구 분	이수학점		성적 기준	교직적성 및 인성검사	응급처치 및 심폐소생술	성인지 교육
	전공과목	교직과목				
합격 기준	50학점 이상	22학점 이상	- 전공 평균 75점 이상 - 교직 평균 80점 이상	2회 이상	2회 이상	2회 이상

3) 기타 합격 기준 요건의 유의점

(1) 교직 적성 및 인성 검사

- 적격 판정 기준 : 교원양성과정을 이수하는 동안 교원양성기관의 장이 실시한 교직 적성 및 인성 검사 결과가 다음 기준을 충족해야 한다.
  - 2년 이하의 교원양성과정(수업연한 기준)을 이수한 사람 : 적격 판정 1회 이상
  - 2년을 초과하는 교원양성과정(수업연한 기준)을 이수한 사람 : 적격 판정 2회 이상
- 교원양성기관의 장은 관련 규정에 교직 적성 및 인성 검사 내용을 포함하거나 실시 계획을 수립해야 하며, 관련 규정 혹은 계획에 포함되어야 할 내용은 다음과 같다.
  - 검사의 공정성 확보를 위하여 평가과정에서의 철저한 관리가 필요함(온라인으로 운영 시 관리자 감독하에 컴퓨터 실습실 등을 활용하여 본인 응시 확인)
  - 검사 영역에 따른 문항, cut-off 기준 등
  - 부적격 판정을 받은 자에 대한 조치 계획 등

    * 교육부에서 안내한 교직 적성 및 인성 검사 표준안을 참고하여 학교

별로 문항을 개발 및 재구성하여 실시할 수 있음(※ MBTI, API 등 교직과 무관한 검사지 활용 불가)

- 교직 적성 및 인성 검사는 반드시 교원양성과정 이수 중에 실시되어야 하므로 미참여자에게 충분하게 안내하여 민원 사례가 발생하지 않도록 조치(확인서 등)해야 한다.

(2) 응급처치 및 심폐소생술 실습

- 실습 기준 : 교원양성과정을 이수하는 동안 해당 교원양성기관의 장이 실시한 응급처치 및 심폐소생술 실습을 2회 이상 받아야 한다.
- 교원양성기관의 장은 관련 규정에 응급처치 및 심폐소생술 실습 내용을 포함하거나 실시 계획을 수립해야 하며, 관련 규정 혹은 계획 수립 시 유의점은 다음과 같다.
  - 대학의 장이 주관하여 개설하는 것을 원칙으로 하고, 부득이하게 위탁 운영할 경우에는 부실 사례가 없도록 관리에 철저를 기해야 함.
  - 강좌는 이론과 실습으로 구성할 수 있으며, 예비 교원에게 충분한 실습 시간을 제공할 수 있도록 구성해야 함.
  - 복학생에 대한 실습 횟수는 2016학년 1학기를 기준으로 남은 교원양성과정에 따라 산정함.
  - 대학의 장이 응급처치 및 심폐소생술 실습 강좌를 개설하여 운영했음에도 불구하고 미이수자를 위한 외부기관의 실습 인정에 대한 조치 계획을 마련하여 운영할 수 있음.

  ※ 실습 1회 기준에 관하여 이론교육 2시간, 실습교육 2시간 운영을 권장함. 다만, 교육 여건 등을 고려하여 실습교육 2시간을 포함하여 최소 3시간 이상 이수하도록 권고

• 응급처치 및 심폐소생술 실습은 반드시 교원양성과정 이수 중에 실시되어야 하므로 미참여자에게 충분하게 안내하여 민원 사례가 발생하지 않도록 조치(확인서 등)해야 한다.

(3) 성인지 교육

• 교육 이수 기준 : 교원양성과정을 이수하는 동안 교원양성기관의 장이 실시한 성인지 교육을 다음과 같이 이수하여야 한다.
  - 3년 이하의 교원양성과정을 이수한 사람 : 2회 이상
  - 3년을 초과하는 교원양성과정을 이수한 사람 : 4회 이상

  ※ 2021학년도 입학자부터 위 기준을 적용하며, 기존의 재학생과 복학생에 대한 성인지 교육 기준은 2021년도 2월 9일을 기준으로 남은 교원양성과정에 따라 산정

• 교원양성기관의 장은 관련 규정에 성인지 교육 내용을 포함하거나 실시 계획을 수립해야 하며, 해당 내용에 반영해야 할 사항은 다음과 같다.
  - 대학의 장이 주관하여 개설하는 것을 원칙으로 하되, 특강, 연수, 강의 개설 등의 방식을 상황에 맞게 운영할 수 있음.
  - 교원양성과정을 이수하는 동안 연 1회 이상 이수하는 것을 권장하나, 학적 변동이나 교육과정 운영 등 부득이한 경우에는 학기당 1회 이수할 수 있음. 이 경우에는 내부 결재 등을 통해 사유를 기록하여 부실 사례가 없도록 함.
  - 대학별 성인지 교육 계획을 마련하고, 교육 계획서에는 교육 내용, 방식, 기간, 이수 기준 등이 포함되어야 함.
  - 성인지 교육 계획서에 교육 내용을 명시하고, 민원 발생의 소지가 없도록 교육 내용 구성에 유의함. 다만, 성인지 교육의 주요 내용은 다음의

안내를 바탕으로 구성하도록 함.

※ 1회 인정 기준은 주요 내용 4가지 항목을 포함하여 4차시 이상으로 구성하되, 온·오프라인 병행 가능하나 교원양성과정을 이수하는 동안 오프라인 방식으로 1회 이상 실시 권장

▣ 대학별 성인지 교육에 반영하여야 할 내용(예시)

1. 디지털 성범죄 포함 성희롱·성폭력 예방교육
2. 가정·학교(대학 포함)·사회 속 성인지 감수성 및 양성평등 의식 함양교육
3. 학교 현장에서의 성인지 감수성 및 양성평등 의식 향상을 위한 학생 지도 방법 및 교육 내용
4. 성인지적 관점을 바탕으로 한 수업 및 생활지도 고려사항, 학생 및 보호자 상담 방법

– 여성가족부 성폭력, 성매매 예방교육 등 폭력예방교육 자료를 일부 차시로 인정 가능하나, 해당 교육만으로는 성인지 교육에 반영하여야 할 내용을 충족할 수 없어 추가 교육을 실시해야 함.

• 성인지 교육은 반드시 교원양성과정 이수 중에 실시되어야 하므로 미참여자에게 충분하게 안내하여 불이익이 발생하지 않도록 조치(확인서 등)해야 한다.

• 편입학, 재입학자에 대해서는 편입 또는 재입학한 학년의 입학년도를 기준으로 적용한다.

(4) 교사 자격 취득 결격사유

2021년 6월 23일 이후 모든 자격검정 대상자는 「유아교육법」 제22조의2 및 「초·중등교육법」 제21조의2에 따른 교사 자격 취득의 결격사유를 확인한다.

▣ 교사 자격 취득의 결격사유(유아교육법 제22조의2 동일)

초·중등교육법 제21조의2(교사 자격 취득의 결격사유) 다음 각 호의 어느 하나에 해당하는 사람은 제21조 제2항에 따른 교사의 자격을 취득할 수 없다.

1. 마약·대마·항정신성의약품 중독자
2. 미성년자에 대한 다음 각 목의 어느 하나에 해당하는 행위로 형 또는 치료감호를 선고받아 그 형 또는 치료감호가 확정된 사람(집행유예를 선고받은 후 그 집행유예기간이 경과한 사람 포함)
   가. 「성폭력범죄의 처벌 등에 관한 특례법」 제2조에 따른 성폭력범죄
   나. 「아동·청소년의 성보호에 관한 법률」 제2조 제2호에 따른 아동·청소년대상 성범죄
3. 성인에 대한 「성폭력범죄의 처벌 등에 관한 특례법」 제2조에 따른 성폭력범죄 행위로 100만 원 이상의 벌금형이나 그 이상의 형 또는 치료감호를 선고받아 그 형 또는 치료감호가 확정된 사람(집행유예를 선고받은 후 그 집행유예기간이 경과한 사람 포함)

- 대학은 검정대상자에게 개인정보제공 동의를 받고, 다음 사항을 참고해 학칙 등에 결격사유 확인 내용을 반영한다.
  - (성범죄이력 관련) '행정정보공동이용시스템 또는 대학 소재지역 경찰서에 공문 발송을 통한 확인'을 할 수 있으며, 세부 절차는 대학별 계획을 수립하여 실시한다(미발급자의 발급 신청 경우 신청자가 경찰서, 범죄이력회보서 발급시스템 등에서 발급한 증명서 직접 첨부).
  - (마약류 중독 여부 관련) 무시험검정 신청자가 의사 진단서를 첨부하여 제출(일괄 검진 가능)하며, 대학은 확인 후 명단을 원본과 함께 보관하도록 한다.

마약 · 대마 · 향정신성의약품 중독자 판별절차(개인별 제출)

- 교사자격 취득신청자가 의료기관을 통해 개별 진단, 진단서 또는 검사결과통보서 제출

신청인(개인)		의료기관		신청인(개인)		교원양성기관
병원 검진	▶	검사 후, 검사결과통보서 또는 진단서 발급	▶	교원양성기관에 검사결과통보서 또는 진단서 제출	▶	제출서류를 통해 중독 여부 확인

- 중독 여부 진단 방법

1차검사*	▶	음성 반응	▶	검사결과통보서 발급 · 제출	– 병원 방문 수령, "양성/음성" 결과 기재
		양성 반응	▶	2차 검사(음성) 또는 의사 상담 후, 진단서 발급 · 제출	– 일부 치료용 약물 투약자의 경우 '양성' 반응 시 → 진단서 제출 필요 – 병원 재방문 2차 검사 또는 상담으로 중독 여부를 추가 진단 – 병원 방문 접수, 의사 상담 후 수령 ("중독자가 아님을 증명함" 기재)

* 중독 여부를 확인할 수 있는 검사

출처 : 교육부(2025d).

2. 보육교사 양성과정 및 자격 취득 기준

1) 보육교사

(1) 보육교사 2급 자격 취득을 위한 학점 이수

「영유아보육법 시행규칙」 제12조 제1항 [별표 4](2016. 8. 1. 시행)의 규정에 의하여 「고등교육법」에 따른 전문대학 및 대학 등에서 보육교사 2급 자격 취득을 위해 이수하여야 할 교과목 및 학점 기준은 〈표 7-3〉과 같다.

〈표 7-3〉 영역별 교과목 및 학점 기준

영 역		교과목	이수과목(학점)
가. 교사 인성	필수	보육교사(인성)론, 아동권리와 복지	2과목(6학점)
나. 보육지식과 기술	필수	보육학개론, 보육과정, 영유아 발달, 영유아 교수방법론, 놀이지도, 언어지도, 아동음악(또는 아동동작, 아동미술), 아동수학지도(또는 아동과학지도), 아동안전관리(또는 아동생활지도) ※ 괄호 안 교과목의 경우 중복인정(학점합산) 불가	9과목(27학점)
	선택	아동건강교육, 영유아 사회정서지도, 아동문학교육, 아동상담론, 장애아 지도, 특수아동 이해, 어린이집 운영관리, 영유아 보육프로그램 개발과 평가, 보육정책론, 정신건강론, 인간행동과 사회환경, 아동간호학, 아동영양학, 부모교육론, 가족복지론, 가족관계론, 지역사회복지론	4과목(12학점) 이상
다. 보육 실무	필수	아동관찰 및 행동연구, 보육실습	2과목(6학점)
전 체		17과목 51학점 이상	

각 교과목은 3학점을 기준으로 하되 최소 2학점이어야 하며, 총 17과목 이상 그리고 51학점 이상 이수하여야 한다. 개설된 교과목의 명칭이 위와 동일하지 아니하더라도 내용이 동일하다고 인정받고자 하는 경우, 동일교과목 심의를 보육교직원 자격검정위원회로 요청하여 동일과목으로 인정받아야 하며, 심의 절차는 자격검정위원회 운영 규정에 따른다.

이 중 반드시 대면 교육이 이루어져야 하는 대면 교과목은 총 9개로, 과목당 8시간 이상의 출석 수업과 1회 이상의 출석 시험을 실시하는 것을 원칙으로 한다.

〈표 7-4〉 영역별 대면 교과목

영 역	교과목
가. 교사 인성	보육교사(인성)론, 아동권리와 복지
나. 보육 지식과 기술	놀이지도, 언어지도, 아동음악(또는 아동동작, 아동미술), 아동수학지도(또는 아동과학지도), 아동안전관리(또는 아동생활지도)
다. 보육 실무	아동관찰 및 행동연구, 보육실습

보육실습 교과목의 경우, '보육실습'이라는 교과목으로 이수하는 것이 원칙(보육실습은 현장실습과 이론 수업으로 구성되어야 함)이므로 성적증명서를 통하여 교과목 확인이 가능해야 한다. 다만, 교과목 명칭이 다르더라도 유사교과목(교육현장실습, 교육실습, 학교현장실습)을 이수한 경우로서 실습 기관과 실습 기간의 조건을 만족하는 경우에는 보육실습 교과목을 이수한 것으로 인정한다.

(2) 보육교사 자격검정 및 수여 과정

보육교사 자격 취득을 위한 검정 방법은 무시험을 원칙으로 하며, 「영유아보육법 시행령」 제21조 [별표 1]에 의한 자격 기준을 갖추었는지의 여부를 신청자가 제출한 서류를 심사하여 검정한다. 자격검정 및 자격증 발급 관련 중요사항은 보육교직원 자격검정위원회에서 심의 · 의결하여 결정한다. 이때 자격검정 및 자격증 발급기관은 한국보육진흥원이며, 수여권자는 교육부장관이다. 자격검정에 관한 세부사항은 보육교사 자격검정 업무편람에 따르며, 보육교사 자격 기준을 갖추고 자격검정에 합격한 사람에게는 자격증을 발급한다.

(3) 교사 자격 취득 결격사유

① 일반원칙

보육교사 자격 취득 시 「영유아보육법」 제21조의2에 따른 결격사유에 해당하는 자는 자격을 취득할 수 없다.

※ 「영유아보육법」 제21조의2(어린이집의 원장 또는 보육교사 자격 취득의 결격사유) 신설(2024. 3. 19. 개정, 2024. 9. 20. 시행)에 따라 성범죄자, 마약 · 대마 · 향정신성의약품 중독자의 교사 자격 취득 제한

▣ 어린이집 원장 또는 보육교사 자격 취득의 결격사유(영유아보육법 제21조의2)

1. 마약 · 대마 · 향정신성의약품 중독자
2. 미성년자에 대한 다음 각 목의 어느 하나에 해당하는 행위로 형 또는 치료감호를 선고받아 그 형 또는 치료감호가 확정된 사람(집행유예를 선고받고 그 집행유예 기간이 경과한 사람을 포함한다)
   가. 「성폭력범죄의 처벌 등에 관한 특례법」 제2조에 따른 성폭력 범죄
   나. 「아동 · 청소년의 성보호에 관한 법률」 제2조 제2호에 따른 아동 · 청소년대상 성범죄
3. 성인에 대한 「성폭력범죄의 처벌 등에 관한 특례법」 제2조에 따른 성폭력범죄 행위로 100만 원 이상의 벌금형이나 그 이상의 형 또는 치료감호를 선고받아 그 형 또는 치료감호가 확정된 사람(집행유예를 선고받고 그 집행유예 기간이 경과한 사람을 포함한다)

② 적용대상 및 기준

적용대상은 부칙 제2조에 따라 이 법 시행(2024. 9. 20) 이후 어린이집 원장 또는 보육교사 자격검정을 신청한 사람, 그리고 어린이집 원장(일반, 가정, 영아전담, 장애아전문, 40인 미만), 보육교사(1 · 2 · 3급) 자격검정 신청자 및 「영유아보육법」 제48조 제2항에 따른 자격 취소 후 재발급 신청자이다. 이때 보육교사 자격 취득의 결격사유 확인에 관한 세부사항은 자격검정 업무편람을 따른다.

※ 분실, 훼손 등에 따른 자격증 재발급 신청자, 「장애아동복지지원법」에 따른 '장애영유아를 위한 보육교사 자격확인서' 자격검정 신청자는 해당 없음.

(4) 보육교사 자격증 신청 및 발급

보육교사 자격증 신청은 인터넷으로만 가능하며, 신청은 보육교직원 통합정보 홈페이지(http://chrd.childcare.go.kr)에서 해야 한다. 인터넷 신청을 한 후에는 구비서류를 등기우편으로 제출해야 한다. 보육교직원 통합정보 홈페이지에서는 자격증 신청 이후 진행현황 확인도 가능하다.

5명 이상의 대학 등 교육기관에서는 동일 자격 급수, 동년도 졸업(예정) 또는 수료자에 한해 졸업 전후로 단체신청이 가능하며, 5명 미만인 경우는 졸업 이후 개별적으로 신청해야 한다. 보육교사 자격증 발급신청 및 교부 절차는 다음과 같다.

보육교직원 통합정보 홈페이지 접속
(http://chrd.childcare.go.kr)

↓

홈페이지 회원가입

↓

자격증 신청
(인터넷 신청)

수수료 결제
(신용카드결제/가상계좌입금/실시간 계좌이체)

↓

|구비서류 제출(등기우편)|

- 구비서류 : "홈페이지 자격기준" 참고
- 보내실 곳 : 서울특별시 용산구 청파로 345 주연빌딩 5층 한국보육진흥원
  교직원인재개발본부 자격관리부(☎ 1661-5666)

↓

어린이집 원장·보육교사 자격검정(결격사유 확인)
어린이집 보육교직원 자격검정위원회

↓

자격증 발급
(등기 발송 또는 방문 수령)

출처 : 교육부(2025c).

2) 장애영유아를 위한 보육교사

(1) 장애영유아를 위한 보육교사 자격 발급 배경

「장애아동복지지원법」 제32조에 따른 장애영유아를 위한 어린이집은 동법 시행령 제5조 제1항의 자격을 갖춘 특수교사 및 동법 시행령 제5조 제2항의 자격을 갖춘 장애영유아를 위한 보육교사를 2018년 3월 1일부터 3세 이상 장애영유아를 대상으로 배치해야 한다. 또한 보육교직원 임면권자가 특수교사 또는 장애영유아를 위한 보육교사를 채용하는 경우에는 해당 자격 기준을 갖춘 자를 채용해야 한다.

이에 따라 장애영유아를 위한 보육교사의 배치를 위해 '장애영유아를 위한 보육교사 자격확인서'를 발급하고 있다. 자격검정 및 자격확인서 발급기관은 한국보육진흥원이며, 자격확인서 발급 관련 중요사항은 어린이집 보육교직원 자격검정위원회의 심의 · 의결을 통해 결정된다. 장애영유아를 위한 보육교사의 자격검정에 관한 세부 사항은 「장애영유아를 위한 보육교사 자격검정 업무편람」에 따른다.

(2) 장애영유아를 위한 보육교사 자격 요건

장애영유아를 위한 보육교사 자격 요건은 다음과 같다.

첫째, 「영유아보육법」 제21조 제3항에 따른 보육교사 2급 이상의 자격증을 소지한 사람

둘째, 교육부령으로 정하는 특수교육 또는 재활 관련 교과목 및 학점을 「고등교육법」 제2조에 따른 학교에서 이수하거나 「학점인정 등에 관한 법률」 제7조에 따라 인정받은 사람

(3) 장애영유아를 위한 보육교사 자격 취득을 위한 학점 이수

보육교사 2급 이상의 자격증을 소지한 사람이 장애영유아를 위한 보육교사 자격을 취득하기 위해서는, 「장애영유아를 위한 어린이집의 설치 및 운영 등에 관한 규칙」 [별표]의 규정에 의한 특수교육 또는 재활관련 교과목 및 학점을 이수해야 한다. 2012년 8월 4일 이전 편입하거나 입학한 사람은 8과목(16학점) 이상 이수, 그리고 2012년 8월 5일 이후 편입하거나 입학한 사람은 8과목(24학점) 이상을 이수하여야 한다. 이때 편입 및 입학 기준은 '특수교육 또는 재활 관련 교과목 및 학점'을 최초 이수한 「고등교육법」상 학교에 입학한 시기 또는 「학점인정 등에 관한 법률」에 따라 교과목 최초 이수 시점을 기준으로 한다.

장애영유아를 위한 보육교사 자격 취득을 위해 이수하여야 할 교과목 및 학점 기준은 〈표 7-5〉와 같다.

〈표 7-5〉 이수 교과목 및 학점 기준

• 2012년 8월 4일 이전에 편입하거나 입학한 사람

기본 교과목	교육학개론, 실기교육방법론, 치료교육 실기, 특수교육학개론, (특수아)통합교육, 개별화 교육계획, 언어치료학개론, 영유아교수방법론, 특수아(장애아)부모교육론, 특수아 행동지도, 지적장애아교육, 청각장애아교육, 정서장애아교육, 학습장애아교육, 지체부자유아교육, 언어발달장애, 자폐장애교육, 특수아 상담 및 가족지원, 특수교육 측정 및 평가, 시각장애아교육, 장애아동보육론, 감각장애아교육, 특수교구교재 제작, 보육실습, 아동발달론
유사 교과목 인정 기준	기본 교과목 명칭과 동일하지 아니한 교과목이더라도 유사 교과목에 해당하는 경우 그에 해당하는 기본 교과목을 이수한 것으로 봄 ※ 기본 교과목별 유사 교과목 목록은 보육교직원 통합정보 홈페이지 참조
학 점	8과목(16학점) 이상

• 2012년 8월 5일 이후에 편입하거나 입학한 사람

기본 교과목	특수교육학개론, (특수아)통합교육, 개별화 교육계획, 언어치료학개론, 장애영유아 교수방법론, 특수아(장애아)부모교육론, 특수아행동지도, 지적장애아교육, 청각장애아교육, 정서장애아교육, 학습장애아교육, 지체부자유아교육, 언어발달장애, 자폐장애교육, 특수아 상담 및 가족지원, 특수교육 측정 및 평가, 시각장애아교육, 장애아동보육론, 감각장애아교육, 특수교구교재제작, 장애아보육실습, 장애아보육교사론, 발달지체영유아 조기 개입
유사 교과목 인정 기준	기본 교과목 명칭과 동일하지 아니한 교과목이더라도 심사를 통해 유사 교과목에 해당하는 경우 그에 해당하는 기본 교과목을 이수한 것으로 봄 ※ 기본 교과목별 유사 교과목 목록은 보육교직원 통합정보 홈페이지 참조
학 점	8과목(24학점) 이상

(4) 장애영유아를 위한 보육교사 자격확인서 신청 및 발급

장애영유아를 위한 보육교사 자격 기준을 갖추고 자격검정에 합격한 사람에게는 자격확인서를 발급하게 된다. 자격증 신청은 보육교직원 통합정보 홈페이지(http://chrd.childcare.go.kr)에서만 가능하며, 인터넷 신청을 한 후에는 구비서류를 등기우편으로 제출해야 한다. 보육교직원 통합정보 홈페이지에서는 자격증 신청 이후 진행 현황을 확인할 수 있다.

장애영유아를 위한 보육교사 자격확인서는 자격 요건이 보육교사 2급 이상 자격증을 소지한 사람이면서 관련 교과목 및 학점을 이수한 사람이므로, 졸업과 동시에 보육교사 자격증을 취득한 다음 신청 가능하다는 점에 유의하여야 한다.

이슈 유보통합에 따른 통합교원 자격 · 양성 체제 개편 방향은?

지난 정부의 유보통합 추진 노력들이 이어져 오면서 2024년 6월 영유아 보육 사무가 교육부로 일원화되었고, 유보통합 관련 주체[영유아(학부모), 교사, 기관]별 의견 수렴도 보다 적극적으로 실시되고 있다. 유보통합에 이르기까지 해결해야 할 세부 과제들 중에서도 특히 '통합교원 자격 · 양성 체제 개편'은 매우 중요한 논제이다.
유보통합에 따른 영유아교육 · 보육 전문가로서 교원의 역량을 높이기 위해, 정부는 다음과 같이 통합교원 자격 · 양성 체계를 개편하고자 안을 제시하고 있다(교육부, 2024).

〈통합교원 자격 · 양성 개편 주요 방향〉

통합자격	• 1안) 영유아정교사(0~5세) • 2안) 영아정교사(0~2세)와 유아정교사(3~5세)로 구분
승급 체계	• '2급 → 1급 → 원감 → 원장'으로 개편
통합교사 양성	• 학사학위(전공심화 포함) 과정, 대면 중심의 학과 또는 전공제
현직교사 통합자격 취득	• 일학습병행이 가능하도록 통합자격 취득과정 운영

※ 통합교원 자격으로 개편되더라도, 기존에 취득한 보육교사 및 유치원교사 자격은 인정

○ 일반 교사
통합교사 자격은 1안과 2안을 종합적으로 검토하고, 신규 교사 양성은 학사학위 과정 및 대면 중심 학과(가칭 '영유아교육과') · 전공제(가칭 '영유아교육전공')로 이루어질 계획이다. 학사학위 이상 과정으로 교원을 양성하되 전문대학에서도 영유아교사 학사학위 과정을 운영할 수 있도록 하며, 유아교육과와 아동보육 관련학과는 학과 명칭을 변경 또는 '영유아교육전공'으로 운영하는 방안 또한 검토 중이다. 또한 현직 유치원교사와 보육교사는 향후 특별교원 양성과정이나 대학(원) 신 · 편입학을 통해 통합교원 자격을 취득할 수 있도록 할 예정이다.

○ (영유아) 특수교사
장애영유아 교육을 담당할 교사 자격을 통합기관의 특수학교 정교사 자격으로 개편하는 계획도 있다. 신규 교사 자격은 학사학위 이상 과정 및 전공과목 개편을 통해 영아 특수교육을 보완하고, 학사학위 이상의 과정으로 양성하되, 현직 장애영유아 보육교사는 대학(원)에 신 ·

편입학 후 통합기관의 특수학교 정교사 자격을 취득하도록 할 예정이다. 통합기관의 특수교원 자격으로 개편되더라도, 기존에 취득한 장애영유아 보육교사 자격 또한 인정된다.

위의 개편 방향은 현재 확정된 내용은 아니다. 유보통합은 현재에 이르기까지 수년간 논의가 이어져 올 정도로 단시간에 결정될 수 있는 간단한 주제가 아니기 때문이다. 앞으로도 유보통합 정책 내 영유아교원 양성과정, 학과 개편 및 양성 정원 등 주요 결정 사항들은 지속적인 정책 연구 및 관련 주체들과의 충분한 논의를 통해 최종 결정될 것이다. 그러므로 생애 초기 교육을 담당할 예비교원으로서 유보통합 관련 뉴스에 꾸준히 관심을 갖고 잘 살펴보는 것이 필요하다.

출처 : 교육부(2024).

Chapter 8

현장실습의 유형과 법적 기준

학습주제

1. 교육실습의 법적 기준

1) 교육실습의 개념

교육실습은 학교현장실습과 교육봉사활동으로 구분된다. 이 중 학교현장실습은 교사로서 수행하여야 할 업무를 실제 교육현장에서 실습을 통해 적용해 보는 것이고, 교육봉사활동은 예비 교원이 가진 재능을 유 · 초 · 중 · 고등학생(학교 밖 청소년, 방송통신중고등학교 포함)을 대상으로 교육적인 방법으로 봉사하는 것을 의미한다. 특히 학교현장실습은 대학에서 배운 이론과 유치원 현장의 실제를 통합하는 교사양성교육을 마무리 짓는 최종 정리단계이자 교사 입문의 시작단계라는 점에서 의의가 있다(정아란, 2019).

〈표 8-1〉 교육실습 영역

교과목	기본교수요목
학교현장실습	• 대학에서 학교현장실습 이론교육(사전교육 등)을 이수한 후 취득하고자 하는 교사 자격증에 해당하는 유치원 및 초 · 중등 · 특수학교에서 학교현장실습을 실시한다. 단, 천재지변, 감염병 등의 상황 시, 교육부의 안내에 따라 교원양성기관의 장 또는 실습협력학교의 장이 간접으로 운영할 수 있다(교원양성기관과 실습협력학교의 협조 필요). ※ 학교현장실습 학점은 교원양성기관의 장이 승인하는 바에 따라 P/F로 운영 가능 • 대학의 장은 선정된 협력학교의 여건을 고려하여 매년 학교현장실습 계획을 수립 시 다음과 같은 사항을 반영한다. 1. 참관 · 수업실습 : 교과(군)수업과 창의적 체험활동 수업참관을 포함 2. 실무실습 : 취득하고자 하는 자격 종의 직무 및 수업, 학생평가 실무를 포함 3. 학교현장실습의 구체적 실습 목적에 따라 구분하여 운영 권장
교육봉사활동	• 유치원 및 초 · 중 · 고등학생을 대상으로 보조교사, 부진아 학생지도, 방과후교사, 초등돌봄교사 및 자유학기제 관련 활동, 다문화학생 지도, 학생 생활지도 관련 활동, 재능기부 등 교육적인 방법으로 교육봉사를 실시하며, 세부기준은 대학에서 정한다. ※ 최소 30시간 이상을 1학점으로 인정, 졸업 시까지 일정 시간 이수

출처 : 교육부(2025d).

2) 교육실습의 운영

(1) 학점당 기준시간

① 학교현장실습

학교현장실습을 전일제로 실시하는 경우 1학점당 2주로 하며, 학교현장실습 기간 중 공휴일(개교기념일 포함) 등이 포함될 수 있다. 이 경우 공휴일 · 결근일 등을 포함하여 전체 실습 일수의 20%를 초과하지 않도록 해야 한다. 이를 초과 시에는 직접이나 간접 방식의 추가 실습 이수가 가능하다. 다만, 실습 기간이 연속되지 않은 학교현장실습의 경우는 1학점당 80시간 이상을 기준으로 한다.

② **교육봉사활동**

교육봉사활동은 1학점당 30시간 이상을 기준으로 한다. 교육봉사활동에 대한 무시험검정은 교육봉사활동의 이수 여부만을 확인하되, 구체적인 사항은 양성기관의 장이 정한다. 교육봉사활동에 대한 학점 인정 방법은 이수학점을 부여하되 성적은 부여하지 않아도 된다. 교육봉사활동을 방학 중(학기 사이 혹은 학년 사이)에 하였을 경우 이수 결과(학점, 시간 등)를 다른 학기의 학점으로 반영할 수 있다.

(2) 실시 시기

① **학교현장실습**

학교현장실습의 실시 학년 및 시기는 대학에서 자율적으로 결정하되, 학교현장실습 지원학교의 방학 기간 중 실시하는 학교현장실습은 양성기관과 학교 간 협의에 따라 실시 가능하다. 또한 한 학기 집중 운영, 학기 또는 학년별 분산 운영, 학생별 강좌가 없는 요일 활용 운영 등 다양한 방법으로 운영할 수 있다.

② **교육봉사활동**

교육봉사활동은 입학부터 졸업까지 지속적으로 실시할 것을 권장한다.

(3) 기관 선정

① **학교현장실습**

학교현장실습이 가능한 기관은「유아교육법」제2조에 따른 유치원 및 교원양성기관에서 교류 협정을 체결한 외국의 대학 또는 교육청이 지정한 정규 유치원 등이다. 학교현장실습 지원(협력)학교는 양성기관의 장이 책임지고 선정해야 하나 학생이 희망하는 경우 개별적으로 선정 가능하며, 취득하고자 하는 교사자격증에 해당하는 학교급에서 실시해야 한다. 학교현장실습 지원(협력)학교는 실습 대상 인원 및 지원(협력)학교의 규모 등을 감안하여 학교현장실습생을 수용하고, 실습생이 실습 기간 중 실제 수업 또는 실무를 경험할 수 있도록 해야 한다.

② 교육봉사활동

유아교육과 재학생의 경우 교육봉사활동 대상 기관으로 「유아교육법」 제2조에 따른 유치원이 가장 적절하나, 여건에 따라 교원양성기관에서 교류 협정을 체결한 외국 대학 또는 교육청이 지정한 정규 유치원 등에서도 가능하다. 교육봉사활동 대상 기관은 학생이 선정하는 것을 원칙으로 하며, 대학이 대상 기관을 선정할 수 있다.

교육봉사활동은 지방자치단체, 시·도교육 행정기관 등 기관장이 발급한 확인서로 인정하되 대학의 장이 발급한 확인서는 인정할 수 없다. 또한 교육봉사활동은 성인 대상 교육은 교육봉사로 불인정하되, 시·도교육청 및 소속기관에서 설치·운영하는 교육센터에서 해당 교육과정에 준하는 교육봉사는 인정 가능하다(시·도교육청 홈페이지 및 국가문해교육센터에서 확인).

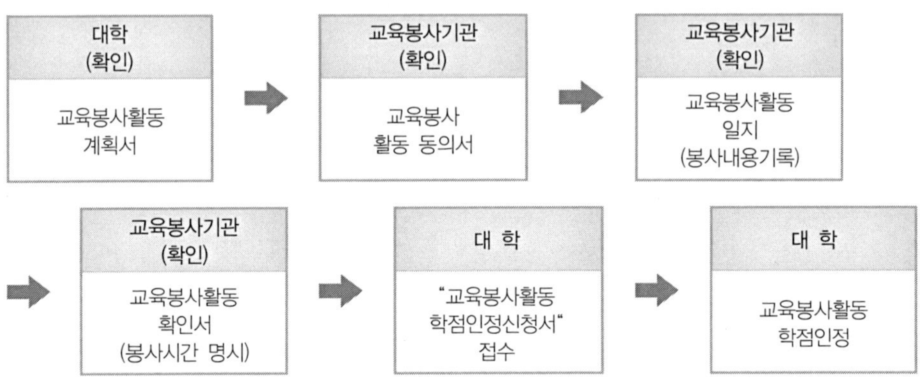

[그림 8-1] 교육봉사활동 인정 여부 처리 절차 예시

출처 : 교육부(2025d).

2. 보육실습의 법적 기준

1) 보육실습의 개념

보육실습은 보육교사가 되고자 하는 자가 어린이집 현장에서 예비보육교사의 역할을 직접 경험하는 과정이다. 보육실습은 양성교육기관에서 배운 이론과 지식을 현장에서 실제로 적용해 보는 핵심 과정으로, '보육실습'이라는 교과목으로 이수하는 것이 원칙이며 성적증명서를 통하여 교과목 확인이 가능하여야 한다. 다만, 교과목 명칭이 다르더라도 실습 기관과 실습 기간의 조건을 만족하는 경우에는 보육실습 교과목을 이수한 것으로 인정하며, 유사교과목 인정 범위는 보육현장실습, 교육실습, 학교현장실습이다. 보육실습의 세부 기준 사항은 〈표 8-2〉와 같다.

〈표 8-2〉 보육실습 세부 기준

구 분	기 준
실습 운영	• 이론수업과 보육현장실습으로 운영
실습 시기	• 보육실습 교과목이 개설된 학기(직전·후 방학 포함)에 실시
실습 기간	• 6주 240시간(2회에 나누어 실시 가능)
실습 인정시간	• 평일(월요일~금요일) 오전 9시~오후 7시 • 실습 시간은 하루에 8시간 기준
실습기관	• 실습 시작 당시 정원 15명 이상이고 「영유아보육법」 제30조 제1항에 따라 평가를 받은 어린이집 – 「영유아보육법」 제30조에 따라 평가완료된 어린이집 – 다만, 종전의 규정에 따라 평가인증 또는 평가를 받아 평가결과(평가등급)가 유효한 어린이집은 개정 규정에 따라 평가를 받은 어린이집에 해당함. ※ 종전 규정 : 평가제 평가결과 A, B등급

	※ 평가결과 확인 방법 : 어린이집 · 유치원 통합정보 홈페이지 내 '검색하기', 임신육아종합포털 아이사랑 홈페이지 내 '어린이집 찾기' • 교육과정과 방과후과정을 운영하는 유치원 – 실습 시작 당시 교육청에 방과후과정 운영 유치원으로 등록되어 있어야 함.
실습지도교사	• 실습지도 이전에 보육교사 1급 또는 유치원 정교사 1급 소지자 • 지도교사 1명당 동일 기간 내 보육실습생 3명 이내로 지도 ※ 어린이집 원장은 실습지도교사에 해당하지 않음. – 단, 어린이집 원장의 보육교사 겸임 특례인정 사례는 제외
실습 평가	• 보육실습일지와 실습평가서 작성

출처 : 한국보육진흥원(2024).

2) 보육실습의 운영

(1) 학점 및 평가 기준

보육실습은 반드시 3학점 이상으로 이수해야 하고, 평가점수가 80점 이상(B학점)인 경우에만 실습을 이수한 것으로 인정하므로, 80점(B학점) 이상의 성적을 취득하여야 한다. 3학점을 기준으로 하여 총 6주간 240시간 연속 운영하는 것이 원칙이며, 이때 성적 표기가 P일 경우는 보육실습 이수 여부를 인정할 수 없으므로 반드시 실점으로 표기되도록 해야 한다.

(2) 분할 실시 방법

보육실습은 6주 240시간 이상을 원칙으로 하되, 2회로 나누어 실시할 수 있다. 하나의 보육실습 교과목을 개설하여 학기 내에 2회로 나누어 실시하는 방법과, 학기를 달리하여 두 개의 보육실습 교과목(Ⅰ, Ⅱ)을 개설한 후 각 학기에 1회씩 실시하는 방법 등이 있다. 보육실습을 2회로 나누어 개설한 경우에는 합산한 학점이 총 3학점 이상이어야 한다.

▣ 보육실습 분할 실시 방법(예시)

1. 2학년 1학기에 '보육실습Ⅰ'(2학점), 2학년 2학기에 '보육실습Ⅱ'(2학점)로 실시한 경우
2. 2학년 1학기 중 4월에 4주간 1회(2학점), 6월에 2주간 1회(1학점)로 실시한 경우
3. 2학년 2학기 겨울방학에 4주간 1회(2학점), 3학년 1학기에 2주간 1회(1학점)로 실시한 경우

(3) 보육실습확인서

보육실습을 이수한 자는 보육교사 자격증 발급 신청 시 보육실습 내용의 적절성을 증명하는 보육실습확인서를 제출해야 한다. 2013년 이후 보육실습 관리는 어린이집지원시스템을 통해 이루어지므로 어린이집에서 보육실습을 한 경우에는 어린이집지원시스템에서 보육실습 내용을 등록한다. 따라서 보육실습생은 실습 완료 후 보육실습확인서를 출력하여 어린이집 원장과 양성교육기관의 직인을 받아 원본을 제출하면 된다. 보육실습을 2회 분할 실시한 경우에는 보육실습생 등록 및 보육실습확인서 제출을 각각 하여야 한다.

만약 어린이집지원시스템에 잘못된 실습 정보를 등록하여 그 내용을 수정해야 할 때에는 보육실습확인서를 출력 후 잘못 기재한 정보에 두 줄을 그어 바르게 정정한 다음, 잘못 기재한 사유를 적고 어린이집 원장 직인을 찍어 제출한다.

어린이집지원시스템을 통해 보육실습 내용을 등록하지 않은 어린이집의 경우, 다음의 서류를 추가로 제출해야 한다.

- 보육실습확인서(2017. 1. 1. 이후 양식) 원본
- 인가증 사본(최초 인가일 및 정원 확인을 위한 서류)
- 실습지도교사 1급 자격증 사본

※ 인가일자 및 보육정원이 확인 불가한 서류, 고유번호증, 사업자등록증은 인정 불가

유치원에서 실습을 한 경우 다음의 서류를 추가로 제출해야 한다.

- 보육실습확인서(2017. 1. 1. 이후 양식) 원본
- 인가증 사본(최초 인가일 및 정원 확인을 위한 서류)
- 실습지도교사 1급 자격증 사본
- 유치원 방과후 과정 운영 확인 서류(원본)
  - ※ 실습확인서에 방과후 과정 운영 여부 표기 시, 별도의 증빙서류 미제출 가능
  - ※ 국공립유치원의 경우 인가일, 방과후 과정 운영 시점, 원아 정원이 기재된 학교장 발행 인가사항 확인 공문 제출

Chapter 9

현장실습을 위한 유아교육기관 탐색

학습주제

1. 유아교육기관 검색용 웹 사이트를 통한 탐색
2. 유아교육기관 홈페이지 등을 통한 탐색

현장실습의 마지막 준비 단계로, 유아교육기관 현장 및 유아교사 양성과정에 대한 이해를 토대로 하여 현장실습을 실시할 유아교육기관을 선정하여야 한다. 성공적인 실습 이수를 위해, 실습을 앞둔 학생들은 지도교수 및 현장실습 담당자와의 충분한 상담과 협의를 통해 실습할 유아교육기관을 선정하는 것이 좋다. 무엇보다 우수한 기관에서의 실습을 인정하려는 취지를 이해하고, 실습을 희망하는 유아교육기관들이 교육실습과 보육실습의 이수 기준에 부합하는지를 먼저 확인한 후 통근 거리나 프로그램 등 여러 현실적인 여건을 충분히 탐색할 필요가 있다. 이 장에서는 실습할 유아교육기관에 대한 기본적인 정보를 탐색할 수 있는 대표적인 방법들을 소개한다.

1. 유아교육기관 검색용 웹 사이트를 통한 탐색

유아교육기관을 탐색하고자 할 때, 각 유아교육기관의 주요 정보를 객관적으로 투명하게 공개하고 있어 쉽고 편리하게 정보를 얻을 수 있는 몇몇 사이트를 활용하는 것이 유익하다. 사이트의 명칭은 서로 다르지만 모두 유치원과 어린이집의 기본 현황, 교원 관련 사항, 교육과정 운영 관련 사항 등 기관에 대한 전반적인 정보를 제공하고 있다.

1) 어린이집 · 유치원 정보공개포털(info.childcare.go.kr)

2) 유치원 알리미(e-childschoolinfo.moe.go.kr)

3) 임신육아종합포털 아이사랑(www.childcare.go.kr)

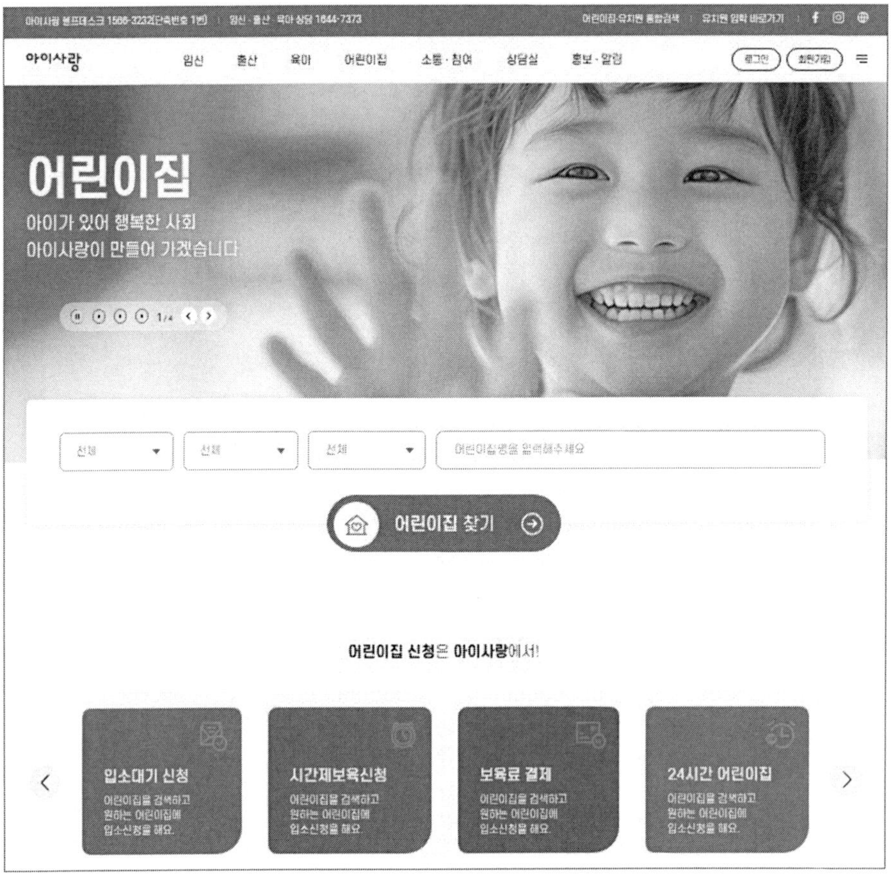

2. 유아교육기관 홈페이지 등을 통한 탐색

유아교육기관이 홈페이지 및 블로그 등을 개설하여 운영하고 있는 경우 이를 통해 정보를 탐색할 수 있다. 유아교육기관의 주요 정보는 교직원 및 학부모에게만 공개되어 있는 편이나, 운영 현황, 프로그램 등 누구에게나 공개되어 있는 정보를 살피는 것으로도 유아교육기관의 운영 방향이나 대략적인 분위기를 파악하는 데 도움이 된다.

PART 03

유아교육기관 현장실습의 실제

Chapter 10

현장실습의 기초

학습주제

1. 현장실습의 목적
2. 현장실습의 진행
3. 실습생의 자세와 역할

1. 현장실습의 목적

1) 현장실습의 목적과 목표

현장실습은 유치원교사 및 보육교사 자격증을 취득하는 데 필수적인 과정이다. 현장실습은 학습자가 양성교육기관에서 배운 이론과 지식을 유아교육현장에서 실제 적용해 보며 영유아교사의 역할을 직접 경험해 봄으로써 영유아교사로서 갖추어야 할 지식, 기술, 태도 등을 습득하는 데 그 목적이 있다. 현장실습의 구체적인 목적을 살펴보면 다음과 같다(보건복지부 · 한국보육진흥원, 2017).

- 유아교육 · 보육의 철학, 목적 및 목표에 대한 생각을 발전시킨다.
- 실제 경험을 토대로 영유아에 대한 이해를 심화시킨다.
- 연령과 발달에 적합한 놀이중심 교육 · 보육내용, 바람직한 상호작용, 효과적인 교수법 등을 관찰하고 영유아의 놀이 지원 및 놀이 연계 활동을 직접 수행한다.
- 실습기관의 실내 · 외 놀이환경 구성 및 놀이자료의 적절한 활용을 경험한다.
- 유아교사의 전문적 역할과 책임, 태도를 직접 경험한다.
- 현장실습기간 내 조직 문화 등을 이해한다.
- 현장실습기관과 가정, 지역사회와의 연계를 경험한다.
- 유아교사로서의 자신의 자질을 파악하고 전문성 향상을 도모하는 기회가 된다.

2) 현장실습의 의의

유아교사가 되기 위해 준비과정에 있는 실습생은 학생의 신분을 유지하면서도 낯선 현장실습기관에서 교사로서 새로운 역할을 담당하게 된다. 즉, 원장과 실습지도교사는 실습생을 유아교사의 역할을 배우는 학생으로, 학부모와 영유아는 교사로 받아들인다. 따라서 현장실습에 참여하는 실습생은 누구나 이러한 심리적 부담을 느끼게 된다. 그러나 현장실습을 성공적으로 마친다면 예비 유아교사로서 지식, 기술, 태도 측면에서 성장해 있는 자신을 발견할 수 있고, 자신의 노력에 큰 만족감을 얻게 될 것이다. 구체적인 현장실습의 교육적 의의는 다음과 같다(보건복지부 · 한국보육진흥원, 2017).

- 이론 중심으로 배웠던 지식을 유아교육현장에 실제 적용해 보면서 실천적 지식 습득 및 영유아에 대한 이해를 향상시키게 된다.
- 교육·보육계획 수립, 하루 일과 운영, 놀이지원, 활동 운영, 상호작용 전략 등을 관찰하고 유아교사의 전문적인 역할을 배울 수 있는 기회가 된다.
- 실습생이 직접 놀이 연계 활동을 계획하고 실행해 봄으로써 바람직한 일과 운영을 경험하고 효과적인 교수-학습 방법을 이해하게 된다.
- 유아교사의 역할에 대해 현실적으로 이해하고 자신의 능력과 자질이 유아교사에 적합한지에 대해 평가하게 된다.
- 영유아, 교직원, 부모 등 다양한 인간관계 및 대인관계에 관한 지식을 습득하고 기술을 경험한다.
- 현장실습을 성공적으로 마무리했다는 자신감은 향후 유아교사로서의 자신감과 긍정적 태도를 가지게 해준다.

2. 현장실습의 진행

1) 현장실습의 행정 절차

현장실습을 원활하게 진행하기 위해서는 현장실습의 전 과정을 미리 확인하고 준비하는 것이 도움이 된다. 이 과정에서 양성교육기관, 현장실습기관, 실습지도교수, 실습생은 각자 담당한 역할을 충실히 수행하는 것이 필요하다. 학교현장실습과 보육실습의 행정 절차는 동일하지 않지만 유사한 절차를 가지고 있으며, 양성교육기관의 상황에 따라 융통성 있게 적용하고 있다.

보육실습 관련 내용	실행주체
보육실습신청서(방학 중 실습실시 경우) 제출	학생 → 보육실습 담당교수
실습기관 선정	양성교육기관, 학생 협의
실습협조공문 발송	양성교육기관 → 보육실습기관
실습동의서 수령	보육실습기관 → 양성교육기관
보육실습생 상해보험 가입(권장사항)	양성교육기관 → 보험사
보육실습비 송금	양성교육기관 → 보육실습기관
양육교육기관에서의 실습생 사전교육	양성교육기관 → 학생
실습생 신상카드, 서약서, 자기소개서 작성 지도, 실습일지 및 실습관련 서류 전달	양성교육기관 → 학생
실습생 실습기관 사전 방문 및 사전교육	학생 → 보육실습기관 → 학생
각종 서류 전달 (실습생 신상카드, 서약서, 자기소개서, 보육실습 확인서 양식, 보육실습 평가서 양식, 실습비영수증 양식, 실습건강진단결과서)	양성교육기관 → 학생 → 보육실습기관
6주 실습 실시 및 지도	보육실습기관 → 학생
각종 서류 전달 (보육실습 확인서, 보육실습 평가서, 실습비영수증) 보육실습일지 제출	보육실습기관 → 학생 → 양성교육기관 학생 → 양성교육기관
보육실습 평가회 및 보육실습 종료	

|그림 10-1| 보육실습 행정 절차

출처 : 보건복지부 · 한국보육진흥원(2017).

2) 현장실습의 과정

(1) 현장실습을 위한 사전교육

양성교육기관은 현장실습 관련 교과목의 이론수업과 현장실습 오리엔테이션을 통해 예비 실습생에게 현장실습의 과정과 그에 필요한 서류 및 준비물, 실습 중 문제발생 시 해결방법, 실습 후 사후처리 방안에 대해 자세히 안내한다. 학교현장실습의 경우, 체계적인 실습지도를 위해 사전교육을 학점화하여 운영하기도 한다.

〈표 10-1〉 현장실습의 사전교육 내용

양성교육기관	현장실습기관
• 현장실습의 개념 및 목적 • 현장실습의 과정 및 내용 • 실습생의 저널쓰기와 포트폴리오 • 실습생의 역할과 태도 • 실습생의 실습 준비 내용 • 현장실습 평가	• 현장실습기관의 교육 · 보육방침 안내 • 시설 · 설비 및 자료 안내 • 교직원 소개 • 학급 및 유아 정보 제공 • 현장실습 내용 및 일정 계획 • 실습생의 근무태도 제시 • 실습생의 개인적 특성 파악

▣ 현장실습 준비 서류(부록 참고)

구 분	학교현장실습	보육실습
양성교육 기관	• 교육실습 신청서 • 교육실습 협조공문 • 교육실습 동의서 • 교육실습 협력학교 지정증명서 • 교육실습생 신상카드	• 보육실습 신청서 • 보육실습 협조공문 • 보육실습 동의서 • 보육실습생 신상카드 • 보육실습생 자기소개서(필요시)

양성교육 기관	• 교육실습생 자기소개서(필요시) • 교육실습 결과보고서 • 교육실습비 영수증 • 교육실습 출근부 • 교육실습 일지	• 보육실습생 서약서 • 보육실습 확인서 • 보육실습 평가서 • 보육실습비 영수증 • 보육실습 출근부 • 보육실습 일지
학 생	건강진단결과서(구 보건증) 성범죄 경력 조회 및 아동학대 관련 범죄 전력 조회	

건강진단결과서

일 련 번 호		접수번호	
성 명			
주민등록번호			
주 소			
전 화 번 호			

〈검진 및 판정일〉

	1회	2회	3회	4회
검진일				
판정일				

※ 본 건강진단결과서의 검진 항목 및 주기는 [위생분야 종사자 등의 건강진단규칙]을 따릅니다.

면호번호: 진단의사 : (인)

발급일 : 년 월 일

주소 :

☎ : ※ 유효기간 : 검진(접수)일로부터 1년

검진 항목 및 결과

검사항목 \ 검사	1회	2회	3회	4회
세균성이질				
장티프스				
전염성피부질환				
흉부				

비 고	

|그림 10-2| 건강진단결과서 예시

■ 아동 · 청소년의 성보호에 관한 법률 시행규칙 [별지 제10호서식] 〈개정 2018. 3. 21.〉

(앞쪽)

성범죄 경력 조회 동의서

대상자	성 명(외국인의 경우 영문으로 작성)
	주민등록번호(외국인의 경우 외국인등록번호/국적)
	연락처(휴대전화 등)

본인은 ㅇㅇ기관(시설)(예 : 유치원, 어린이집, 아동복지시설, 청소년쉼터, 청소년활동시설, 의료기관 등) 취업자(취업예정자)로서, 「아동 · 청소년의 성보호에 관한 법률」 제56조 및 같은 법 시행령 제25조에 따른 성범죄경력 조회에 동의합니다.

년 월 일

동의자 (서명 또는 인)

__________ 경찰서장 귀하

유의사항
1. 개인정보 수집항목 : 성명, 주민등록번호(외국인의 경우 외국인등록번호 및 국적) 2. 개인정보 제공 거부에 따른 제한사항 : 귀하는 개인정보 제공 동의를 거부할 권리가 있으나, 동의 거부 시에는 취업에 제한을 받을 수 있습니다. 3. 개인정보의 수집 · 이용 목적 : 수집된 개인정보는 성범죄 경력조회 신청 등을 위하여 사용됩니다. 4. 동의자가 2인 이상일 경우에는 뒤쪽에 일괄하여 작성할 수 있습니다.

[그림 10-3] 성범죄 경력 조회 동의서 양식

(2) 학교현장실습의 과정

4주간(20일, 180시간 이상) 진행되는 학교현장실습은 교육실습 시기에 따라서 사전실습, 정규실습(본실습), 사후실습으로 구분할 수 있다. 4주간의 정규실습만으로는 실습생이 유아교사의 역할을 모두 경험하는 것이 불가능하기 때문에 많은 양성교육기관에서는 정규실습 외에 사전실습과 사후실습을 운영하고 있다.

- 사전실습은 정규실습 전에 일정 기간 동안 교육실습이 이루어지는 것으로 유아교육기관을 관찰하고, 보조교사의 역할을 하고, 교사로서 일부 수업을 실행해 보는 등 정규실습을 준비하는 기간으로 운영된다.
  - 사전실습이 실습 전 사전방문의 성격을 가진다면 이때는 실습일정 및 실습생 유의사항에 대한 안내로 진행
- 정규실습은 자격증 취득을 위해 반드시 이수해야 하는 과정으로 4주간 실습지도교사와 지도교수의 지도하에 관찰실습(참관실습), 참여실습, 실제실습의 단계로 이루어진다. 실습생은 참여실습과 실제실습 단계에서는 부분수업, 연결수업(반일수업), 전일수업을 수행하게 된다.
  - **부분수업** : 교사가 계획한 하루 일과 중 한 가지 활동을 실습생이 스스로 계획하고 준비해서 수행해 보는 과정
  - **연결수업**(반일수업) : 교사가 계획한 하루 일과 중 연계된 두 가지 이상의 활동을 실습생이 준비하여 연속적으로 수행하는 과정
  - **전일수업** : 하루 일과의 시작부터 끝까지 실습생 스스로 계획, 준비하여 수행해 보는 과정
- 사후실습은 정규실습 이후에 정규실습 경험을 토대로 유아교육현장에 대한 이해를 심화시키기 위해 양성교육기관과 현장실습기관과의 협의를 통해 일정기간 동안 운영하게 된다.

▣ 정규실습의 단계 및 주별 계획의 예

- **관찰실습** : 유아들의 놀이 및 특성, 하루 일과 운영, 교사의 다양한 역할 등을 관찰하는 단계
- **참여실습** : 실습생이 보조교사로서 수업, 유아지도, 일과 및 학급 운영 등에 참여하는 단계
- **실제실습** : 관찰 및 참여실습 경험에 기초하여 유아교사로서의 역할을 실제 수행해 보는 단계

주	단 계	실습내용
1주	관찰실습	• 일과 운영 관찰 • 실내 · 외 놀이환경 관찰 • 유아놀이, 놀이지원, 놀이연계 활동 관찰 • 유아 일상생활 지도 관찰
		[지도교사와 의논할 사항] • 실습일지 기록하는 방법 • 활동계획안 작성 연수 : 2주 차에 실행해야 할 놀이 또는 활동 협의 (부분수업계획안 작성 및 지도받기) • 일화기록을 위한 유아 선정 및 관찰
2주	참여실습	• 일과 운영 참여 • 실내 · 외 놀이환경 구성 참여 • 유아 놀이지원, 놀이연계 활동 참여 • 유아 일상생활 지도 참여
		[지도교사와 의논할 사항] • 2주 차 놀이 또는 활동 운영(부분수업)에 대한 연수 • 3주 차에 수행해야 할 놀이 또는 활동 협의(연계수업계획안 작성 및 지도받기) • 일화기록을 위한 유아 선정 및 관찰

<table>
<tr><td rowspan="2">3주</td><td rowspan="4">실제실습</td><td>• 실내 · 외 놀이환경 구성
• 유아 놀이지원, 놀이연계 활동 실행
• 유아 일상생활 지도 실행</td></tr>
<tr><td>[지도교사와 의논할 사항]
• 3주 차 놀이 또는 활동 운영(연계수업)에 대한 연수
• 4주 차에 수행해야 할 일과 계획 협의(전일수업계획안 작성 및 지도 받기)
• 일화기록을 위한 유아 선정 및 관찰</td></tr>
<tr><td rowspan="2">4주</td><td>• 하루 일과 운영
• 학급 사무 및 공문서 처리
• 행사 진행 참여</td></tr>
<tr><td>[지도교사와 의논할 사항]
• 전일수업에 대한 연수
• 교육실습 평가회
• 실습 서류 점검</td></tr>
</table>

〈표 10-2〉 학교현장실습 지도 일정표의 예

주	수 업	연 수	과 제	비 고
사전실습		• 실습일정 및 실습생 유의사항 안내받기		• 사전실습시간 15:30~16:30
1주	• 수업참관	• 교육실습에 관한 오리엔테이션 • 교육실습일지 기재요령 • 수업계획안 작성 연수	• 일일 일지 작성 • 일화기록 - 매일 1명 • 교실 환경 구성	• 수업 연구 후 지도교사와 개별협의회
2주	• 수업참관 • 부분수업 연구(동화, 신체, 미술 등)	• '유치원 교육과정의 실제' 연수 • 금주 부분수업에 대한 연수	• 일일 일지 작성 • 일화기록 - 매일 1명 • 수업연구 준비	〃
3주	• 수업참관 • 연결수업 연구(이야기나누기 연계활동)	• '유치원 교사의 역할과 자세' 연수 • 금주 연결수업에 대한 연수	• 일일 일지 작성 • 일화기록 - 매일 1명 • 주제에 따른 벽면 구성 • 수업연구 준비	〃
4주	• 수업참관 • 전일수업 연구	• 금주 전일수업에 대한 연수 • 교육실습 평가회	• 일일 일지 작성 • 일화기록 - 매일 1명 • 수업연구 준비	• 일일수업 연구 후 전체 협의회

(3) 보육실습의 과정

6주간(30일, 240시간 이상) 진행되는 보육실습은 참여실습, 보육활동운영 실습으로 이루어진다. 참여실습은 실습생이 영유아와 친밀한 관계를 형성하고, 영유아에 대한 이해 및 보육교사로서의 업무를 파악하는 시간을 의미하며, 보육활동운영 실습은 영유아의 놀이관찰을 토대로 놀이확장을 위한 다양한 활동을 계획하여 실행하는 것을 의미한다. 실습 운영 형태와 주차별 실습내용은 양성교육기관과 현장실습기관의 상황에 따라 선택하여 운영할 수 있다.

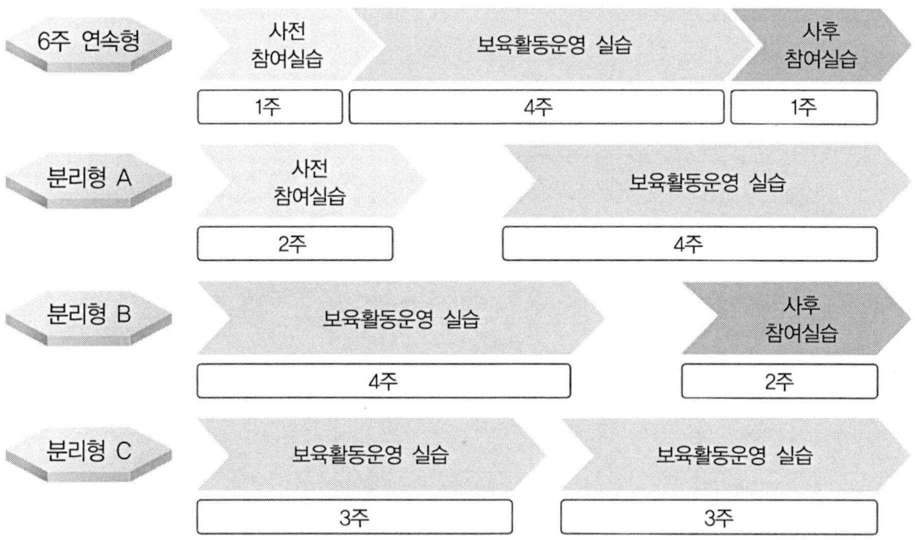

|그림 10-4| 보육실습 운영안

출처 : 이미화 외(2016).

① **6주 연속형**

6주 연속형은 사전참여실습(1주), 보육활동운영 실습(4주), 사후참여실습(1주)으로 구성된 형태의 실습과정이다. 다음은 6주 연속 보육실습을 시행하는 사례이다.

〈표 10-3〉 6주 연속형 보육실습의 예

<table>
<tr><th colspan="2">주</th><th>1일 차</th><th>2일 차</th><th>3일 차</th><th>4일 차</th><th>5일 차</th></tr>
<tr><td colspan="2">사전방문과 교육</td><td colspan="5">• 사전방문하여 실습 오리엔테이션을 실시함
• 보육실습 일정과 내용, 준비물, 준비서류 및 기타 유의사항 합의</td></tr>
<tr><td>사전 참여 실습</td><td>1주</td><td colspan="5">• 어린이집의 운영 철학 및 보육서비스 등의 특징 파악
• 어린이집 보육교직원들과 친밀감 형성
• 모든 연령의 반 참여 관찰 : 일과운영, 보육환경, 영유아-교사 상호작용 등, 영아반과 유아반 고르게 경험, 실습기관의 지침에 따라 순서는 융통성 있게 운영
• 보육실습일지 작성과 지도교사의 평가</td></tr>
<tr><td rowspan="8">보육 활동 운영 실습</td><td rowspan="2">2주</td><td colspan="5">• 실습 반 영유아와 친밀감 형성하기
• 보조교사로서의 역할 수행하기</td></tr>
<tr><td colspan="2">• 실습 반 관찰(일과운영, 보육환경, 영유아-교사 상호작용 등)</td><td colspan="3">• 3주 차 영역별 보육활동 선정 및 계획안 제출과 지도교사의 평가</td></tr>
<tr><td rowspan="2">3주</td><td></td><td>영역별 보육활동 실습</td><td></td><td>영역별 보육활동 실습</td><td></td></tr>
<tr><td></td><td>자기평가, 지도교사 평가</td><td>영역별 보육활동 선정</td><td>자기평가, 지도교사 평가</td><td>연계활동 계획안 제출</td></tr>
<tr><td rowspan="2">4주</td><td></td><td>연계활동 실시</td><td></td><td></td><td></td></tr>
<tr><td>연계활동 자료 준비 및 제작</td><td>자기평가, 지도교사 평가</td><td colspan="2">반일(일일)보육 계획 협의</td><td>반일(일일)보육 계획안 제출</td></tr>
<tr><td rowspan="2">5주</td><td></td><td></td><td>반일(일일) 보육활동 실시</td><td></td><td></td></tr>
<tr><td colspan="2">반일(일일)보육 활동 자료 점검</td><td>자기평가, 지도교사 평가</td><td></td><td></td></tr>
<tr><td>사후 참여 실습</td><td>6주</td><td colspan="3">• 참여 관찰(일과운영, 보육환경, 영유아-교사 상호작용 등)
• 보조교사 역할 수행하기
• 보육실습일지 작성</td><td>최종 어린이집 실습 평가회 (원장, 지도교사 등 참여</td><td>실습일지 및 기타 실습관련 서류 제출</td></tr>
</table>

출처 : 보건복지부 · 한국보육진흥원(2017).

② 분리형 A : 사전 참여실습 사례

분리형 A는 사전참여실습(2주), 보육활동운영 실습(4주)으로 구성된 형태의 실습과정이다. 다음은 분리형 A(2주 + 4주) 보육실습을 시행하는 사례이다.

〈표 10-4〉 분리형 A 보육실습의 예

<table>
<tr><th colspan="2">주</th><th>1일 차</th><th>2일 차</th><th>3일 차</th><th>4일 차</th><th>5일 차</th></tr>
<tr><td colspan="2">사전방문과 교육</td><td colspan="5">• 사전방문하여 실습 오리엔테이션을 실시함
• 보육실습 일정과 내용, 준비물, 준비서류 및 기타 유의사항 합의</td></tr>
<tr><td rowspan="2">사전 참여 실습</td><td>1주</td><td colspan="5">• 어린이집의 운영 철학 및 보육서비스 등의 특징 파악
• 어린이집 보육교직원들과 친밀감 형성
• 모든 연령의 반 참여 관찰 : 일과운영, 보육환경, 영유아 – 교사 상호작용 등
• 보조교사로서의 역할 수행하기
• 보육실습일지 작성 및 참관 경험에 대한 저널 작성하기</td></tr>
<tr><td>2주</td><td colspan="5">• 보육활동운영 실습 반의 관찰(일과운영, 보육환경, 영유아 – 교사 상호작용 등)
• 보육실습교사 역할 수행
• 실습 반의 영유아와 친밀감 형성하기
• 보육실습일지 작성 및 지도교사 평가
• 3주 차 영역별 보육활동 선정 및 계획안 제출</td></tr>
<tr><td rowspan="5">보육 활동 운영 실습</td><td rowspan="3">3주</td><td colspan="5">• 보육활동운영 실습 반의 관찰(일과운영, 보육환경, 영유아 – 교사 상호작용 등)
• 보조교사로서의 역할 수행
• 실습 반의 영유아와 친밀감 형성하기</td></tr>
<tr><td></td><td></td><td></td><td>영역별 보육활동 실습</td><td></td></tr>
<tr><td></td><td>영역별 보육활동 선정</td><td></td><td>자기평가, 지도교사 평가</td><td>4주 차 영역별 보육활동 계획안 제출</td></tr>
<tr><td rowspan="2">4주</td><td></td><td></td><td>영역별 보육활동 실습</td><td></td><td></td></tr>
<tr><td>영역별 보육활동 선정</td><td></td><td>자기평가, 지도교사 평가</td><td>연계활동 계획안 제출</td><td>연계활동 자료 준비 및 제작</td></tr>
</table>

<table>
<tr><td rowspan="2">5주</td><td></td><td>연계활동 실시</td><td></td><td></td><td></td></tr>
<tr><td></td><td>자기평가,
지도교사 평가</td><td colspan="2">반일(일일)보육 계획 협의</td><td>반일(일일)보육
계획안 제출</td></tr>
<tr><td rowspan="2">6주</td><td></td><td></td><td>반일(일일)보육
활동 실시</td><td rowspan="2">최종 어린이집
실습 평가회
(원장, 지도교사
등 참여)</td><td rowspan="2">실습일지 및
기타 실습관련
서류 제출</td></tr>
<tr><td colspan="2">반일(일일)보육활동 자료 점검</td><td>자기평가,
지도교사 평가</td></tr>
</table>

출처 : 보건복지부 · 한국보육진흥원(2017).

③ 분리형 B : 사후 참여실습 사례

분리형 B는 보육활동운영 실습(4주), 사후참여실습(2주)으로 구성된 형태의 실습과정이다. 다음은 분리형 B(4주+2주) 보육실습을 시행하는 사례이다.

〈표 10-5〉 분리형 B 보육실습의 예

<table>
<tr><th colspan="2">주</th><th>1일 차</th><th>2일 차</th><th>3일 차</th><th>4일 차</th><th>5일 차</th></tr>
<tr><td colspan="2">사전방문과
교육</td><td colspan="5">• 사전방문하여 실습 오리엔테이션을 실시함
• 보육실습 일정과 내용, 준비물, 준비서류 및 기타 유의사항 합의</td></tr>
<tr><td rowspan="3">보육
활동
운영
실습</td><td>1주</td><td colspan="5">• 어린이집의 운영 철학 및 보육서비스 등의 특징 파악하기
• 어린이집 보육교직원들과 친밀감 형성하기
• 실습 반 관찰(일과운영, 보육환경, 영유아-교사 상호작용 등)
• 실습 반의 영유아와 친밀감 형성하기
• 보조교사로서의 역할 수행하기
• 보육실습일지 작성 및 지도교사 평가
• 2주 차 영역별 보육활동 선정 및 계획안 제출</td></tr>
<tr><td rowspan="2">2주</td><td></td><td>영역별
보육활동 실습</td><td></td><td>영역별
보육활동 실습</td><td></td></tr>
<tr><td></td><td>자기평가,
지도교사 평가</td><td>영역별
보육활동 선정</td><td>자기평가,
지도교사 평가</td><td>영역별
보육활동 선정</td></tr>
</table>

<table>
<tr><td rowspan="4"></td><td rowspan="2">3주</td><td></td><td>연계활동 실시</td><td></td><td></td><td></td></tr>
<tr><td>연계활동 자료
준비 및 제작</td><td>자기평가,
지도교사 평가</td><td colspan="2">반일(일일)보육 계획 협의</td><td>반일(일일)보육
계획안 제출</td></tr>
<tr><td rowspan="2">4주</td><td></td><td></td><td>반일(일일)
보육활동 실시</td><td></td><td></td></tr>
<tr><td colspan="2">반일(일일)보육활동 자료 점검</td><td>자기평가,
지도교사 평가</td><td></td><td></td></tr>
<tr><td rowspan="3">사후
참여
실습</td><td>5주</td><td colspan="5">• 참여 관찰(일과운영, 보육환경, 영유아-교사 상호작용 등)
• 보조교사로서의 역할 수행하기
• 보육실습일지 작성 및 참관 경험에 대한 저널 작성 및 지도교사 평가
• 6주 차 영역별 보육활동 선정 및 계획안 제출</td></tr>
<tr><td rowspan="2">6주</td><td></td><td>영역별
보육활동 실습</td><td></td><td rowspan="2">최종 어린이집
실습 평가회
(원장, 지도교사
등 참여)</td><td rowspan="2">실습일지 및
기타 실습관련
서류 제출</td></tr>
<tr><td></td><td>자기평가,
지도교사 평가</td><td></td></tr>
</table>

출처 : 보건복지부 · 한국보육진흥원(2017).

④ 분리형 C : 보육활동운영 분리 사례

분리형 C는 보육활동운영 실습을 분리 운영하는 것으로 본 실습을 3주씩 나누어 실시하는 형태의 실습과정이다. 다른 보육실습기관에서 실습을 2회로 나누어 진행하고자 할 때 선택할 수 있는 형태이다. 다음은 분리형 C(3주+3주) 보육실습을 시행하는 사례이다.

〈표 10-6〉 분리형 C 보육실습의 예

<table>
<tr><th colspan="2">주</th><th>1일 차</th><th>2일 차</th><th>3일 차</th><th>4일 차</th><th>5일 차</th></tr>
<tr><td colspan="2">사전방문과 교육</td><td colspan="5">• 사전방문하여 실습 오리엔테이션을 실시함
• 보육실습 일정과 내용, 준비물, 준비서류 및 기타 유의사항 합의</td></tr>
<tr><td rowspan="5">보육 활동 운영 실습 I</td><td>1주</td><td colspan="5">• 어린이집의 운영 철학 및 보육서비스 등의 특징 파악
• 어린이집 보육교직원들과 친밀감 형성
• 모든 연령의 반 참여 관찰 : 일과운영, 보육환경, 영유아-교사 상호작용 등
• 실습 반의 영유아와 친밀감 형성하기
• 보조교사로서의 역할 수행
• 본 실습 반 관찰(일과운영, 보육환경, 영유아-교사 상호작용 등)
• 보육실습일지 작성 및 지도교사의 평가
• 2주 차 영역별 보육활동 선정 및 계획안 제출</td></tr>
<tr><td rowspan="2">2주</td><td></td><td></td><td></td><td>영역별 보육활동 실습</td><td>연계활동 계획안 제출</td></tr>
<tr><td></td><td></td><td></td><td>자기평가, 지도교사 평가</td><td></td></tr>
<tr><td rowspan="2">3주</td><td></td><td>연계활동 실시</td><td></td><td rowspan="2">중간 어린이집 실습 평가회 (원장, 지도교사 등 참여)</td><td rowspan="2">실습일지 및 기타 실습관련 서류 제출</td></tr>
<tr><td>연계활동 자료 준비 및 제작</td><td>자기평가, 지도교사 평가</td><td>영역별 보육활동 선정</td></tr>
<tr><td rowspan="5">보육 활동 운영 실습 II</td><td rowspan="2">4주</td><td></td><td></td><td></td><td>영역별 보육활동 실습</td><td></td></tr>
<tr><td></td><td></td><td>영역별 보육활동 선정</td><td>자기평가, 지도교사 평가</td><td></td></tr>
<tr><td>5주</td><td></td><td></td><td colspan="2">반일(일일)보육 계획 협의</td><td>반일(일일)보육 계획안 제출</td></tr>
<tr><td rowspan="2">6주</td><td></td><td></td><td>반일(일일) 보육 활동 실시</td><td rowspan="2">최종 어린이집 실습 평가회 (원장, 지도교사 등 참여)</td><td rowspan="2">실습일지 및 기타 실습관련 서류 제출</td></tr>
<tr><td colspan="2">반일(일일)보육활동 자료 점검</td><td>자기평가, 지도교사 평가</td></tr>
</table>

출처 : 보건복지부 · 한국보육진흥원(2017).

3. 실습생의 자세와 역할

1) 실습생의 역할

실습생은 현장실습기관의 교육·보육 목표와 방침을 이해하고 이를 달성하기 위해 적극적으로 협력해야 한다. 이와 더불어 현장실습기관의 규정을 준수하면서 실습생으로서의 역할과 자세를 숙지하여 현장실습에 성실하게 참여하도록 한다. 실습생의 일반적 역할은 다음과 같다.

- 관찰자의 역할 : 유아교육기관의 환경, 교육·보육 프로그램, 영유아 특성, 교사의 역할, 구성원들 간의 의사소통 방법 등을 관찰하고 기록한다.
- 학습자의 역할 : 자신이 알고 있는 이론과 지식을 적용하려고 노력하고 원장, 지도교사, 영유아로부터 배우는 적극적으로 자세를 가진다.
- 보조교사의 역할 : 교육·보육 환경, 교육·보육 활동, 영유아 지도, 행정업무 등에 부분적으로 참여하여 보조하는 역할을 수행한다.
- 교사의 역할 : 교사로서 철학, 역할과 자세를 스스로 구상해 보고 교육·보육 환경, 교육·보육 활동, 영유아 지도, 행정업무 등을 직접 실행한다.

▣ 실습생의 구체적인 역할

- 실습기관의 환경 및 교육·보육 환경 구성 관찰
- 하루 일과, 놀이 및 활동 참여
- 영유아 행동 및 활동 관찰
- 실습일지 작성, 지도교사 조언 듣기 및 매일의 자기평가
- 예비유아교사로서의 역할 수행
- 놀이 연계 활동계획안 작성

- 놀이 연계 활동 계획 및 실행
- 실습기관과 가정 간 연계 프로그램이나 행사 참여
- 교실(보육실) 청결관리와 정리정돈

출처 : 보건복지부 · 한국보육진흥원(2017).

2) 실습생의 근무태도

실습생은 자신의 역할에 대한 책임도 필요하지만 얼마나 성실한 태도와 자세로 현장실습에 임하는지도 매우 중요하다(보건복지부 · 한국보육진흥원, 2017).

- 예비유아교사로서 품위를 지키고, 영유아에게 본보기가 되도록 언행에 주의한다.
- 실습일지를 작성하며, 실습지도교사의 조언을 수용한다.
- 실습지도교사에게 놀이 연계 활동계획안을 제출하여 지도를 받은 후 활동을 실행한다.
- 영유아의 안전사고 예방에 대한 사전교육 내용을 숙지한다.
- 비품 및 기자재는 실습지도교사와 담당자의 허락을 받은 후 사용한다.
- 놀이자료를 제작할 때는 반드시 실습지도교사와 사전에 협의한다.
- 응급상황이 발생했을 때는 즉시 실습지도교사에게 알리고 지도를 받는다.
- 실습일지를 비롯하여 각종 제출물은 제출 기일을 엄수한다.
- 실습생은 학부모 상담을 하지 않도록 한다.
- 실습기관 방문객에게 공손하게 인사하며 항상 밝고 친절한 모습으로 대한다.
- 실습기관에서는 흡연하지 않고 휴대폰도 사용하지 않는다.
- 커피 및 음료는 정해진 장소에서 음용한다.

- 동료 실습생들 간의 호칭은 'ㅇㅇㅇ 선생님'으로 하고 존대어를 사용한다.
- 실습기간 중 불만이나 갈등상황이 발생했을 경우 실습기관의 규정과 절차에 따라 해결한다.

▣ 근무시간

- 실습기관의 출근 · 퇴근 시간 규정을 따른다.
- 실습시간은 평일(월~금) 오전 9시부터 오후 7시 사이, 1일 8시간에 대해서만 실습으로 인정된다.
- 출근시간을 엄수하고 무단결근, 지각, 외출 및 조퇴를 금한다. 부득이한 경우에는 사전에 실습기관에 사유서를 제출하여 허락을 받는다.
- 부득이한 사유로 실습기관에서 결근을 허락받은 경우, 결근 일수만큼 다른 날짜에 실습을 하여 현장실습 총 시간 및 일수를 맞추도록 한다.
- 매일 정해진 시간에 출근하여 출근부에 날인하며, 퇴근 시 보육실습 지도교사와 원장에게 허락을 받고 퇴근한다.

출처 : 보건복지부 · 한국보육진흥원(2017).

▣ 복장 및 용모

- 복장과 용모는 청결 · 단정하게 한다.
- 이름표는 왼쪽 가슴에 착용한다.
- 지나치게 화려하거나 노출이 심한 복장은 피하고 단정한 옷을 입는다.
- 짙은 화장, 진한 향수, 영유아의 안전상 문제가 되는 장신구 등은 피한다.
- 손톱은 짧고 청결하게 관리한다.
- 머리카락은 원색적인 염색이나 여러 가지 색의 염색은 피하고 길이가 긴 경우 단정히 뒤로 묶는다.
- 실내에서는 실내화(덧신) 또는 양말을 꼭 신는다.
- 실외에서는 굽이 너무 높은 신발이나 슬리퍼를 신지 않는다.

출처 : 보건복지부 · 한국보육진흥원(2017).

3) 실습생의 윤리

실습생은 현장실습을 통해 예비 유아교사로서 전문성을 증진시키는 동시에 영유아의 바람직한 인성 형성을 돕기 위해 높은 윤리성을 갖추고 도덕적 규범을 지켜야 한다(보건복지부 · 한국보육진흥원, 2017).

- 영유아를 존중하고 편견이나 차별 없이 그대로 수용해야 한다.
- 영유아를 돌보고 지도하는 것을 즐거워하며 인내심이 있어야 한다.
- 특정 영유아를 편애하거나 언어적, 신체적 처벌 및 상벌을 하지 않는다.
- 실습지도교사, 교직원, 학부모, 동료 실습생에게 예의를 지키고 존중한다.
- 실습생에게 부여된 업무에 대해 솔선수범하여 책임감 있게 수행한다.
- 실습기관의 내부정보 및 영유아의 신상정보를 외부로 유출하지 않는다.
- 항상 긍정적이고 밝은 모습을 가질 수 있도록 노력한다.

Chapter 11

현장실습의 실제

학습주제

1. 일상생활 지원하기
2. 놀이 지원하기
3. 활동 지원하기

1. 일상생활 지원하기

1) 일상생활의 의미

영유아들의 하루 일과를 들여다보면 놀이에 열중하는 시간이 대부분을 차지하지만 손 씻기, 화장실 다녀오기, 간식, 점심, 낮잠, 휴식 등의 일상생활에도 많은 시간을 보내고 있음을 알 수 있다. 일상생활은 영유아의 기본적인 욕구 충족과 심신의 건강을 제공하는 시간이므로 영유아의 신체적 리듬을 반영하여 충분한 시간을 허용해 주고 영유아가 편안하고 즐겁게 하루를 보낼 수 있도록 지원해야 한다. 또한 영유아는 연령적 · 개인적 발달 특성이 서로 다르므로 일상생활

활동의 내용과 빈도, 소요 시간에 차이가 있다. 예를 들어, 어린 영아일수록 일상생활의 비중이 더 높다. 따라서 실습생은 하루 일과 속에서 세심하게 관찰하여 영유아의 발달적 차이와 개별적인 요구를 이해하고 영유아의 행동에 민감하게 반응하여 그에 대한 적절한 지원을 제공해야 한다.

2) 일상생활 운영 지원

(1) 등원 및 귀가

등원과 귀가는 유아교육기관에서 하루 일과의 출발점과 종착점이다. 영유아가 기분 좋게 하루를 시작하고 내일을 기대할 수 있도록 지원해 주는 것이 필요하다. 따라서 실습생은 먼저 영유아들이 등원하기 전에 환경을 점검하고 준비하여 영유아들이 안정적으로 일상생활을 할 수 있도록 지원하고, 등원할 때는 미소와 함께 눈을 맞추면서 이름을 불러주고 안아주거나 쓰다듬어 주는 등 따뜻하고 친절하게 맞이하며 개인 물품을 사물함에 정리하도록 도와준다.

귀가할 때는 영유아의 얼굴, 머리카락, 옷매무새 등을 단정하게 정리해 주고 개인 물품을 빠짐없이 챙겨가도록 준비해 주며 다음 날 즐겁게 등원할 수 있도록 기쁘게 작별한다.

▣ 등원 전 준비

- 교실을 환기하고 적당한 온도와 습도, 채광, 조명을 조절한다.
- 교실, 화장실과 세면장(수건, 휴지통 등), 놀잇감의 청결 상태를 점검한다.
- 교실 내의 위험 요인(바닥, 책장 · 의자 · 교구장, 놀잇감 파손 등)이 있는지 점검한다.
- 놀잇감이나 활동자료가 제자리에 놓여 있는지 확인한다.
- 놀잇감이나 활동자료가 충분히 준비되어 있는지 확인한다.

▣ 등원 지도

- 영유아의 이름을 부르면서 반갑게 인사하며 맞이한다.
  - ㅇㅇ야, 유치원/어린이집에 잘 왔어요.
  - 선생님이 ㅇㅇ를 기다리고 있었어요.
- 영유아의 상태를 시진(기분, 건강, 청결 상태 등)한다.
  - 어젯밤에 잘 잤어요? 오늘 기분이 좋아보이는구나.
- 유아의 겉옷과 소지품을 정리할 수 있도록 돕는다.
  - ㅇㅇ 사물함이 어디지요? 가방을 넣어볼까요?

▣ 귀가 지도

- 귀가 지도 전 지도교사에게 영유아의 놀이 상황에서 발생한 특이사항을 전달한다.
- 영유아가 집에 가져갈 소지품들을 챙겨서 가방에 넣도록 돕는다.
- 영유아가 단정하게 정돈된 모습으로 귀가할 수 있도록 매무새를 다듬어 준다.
- 지도교사보다 먼저 부모를 맞이하고 영유아의 상태를 전달하지 않도록 주의한다.

(2) 간식 및 점심

간식과 점심은 영유아의 성장에 도움이 되도록 다양한 음식을 접해 보고 선호하는 음식의 폭을 넓히며 영양적으로 균형 있는 음식에 대해 관심을 가지는 시간이다. 이때 실습생은 영유아가 준비된 음식을 바른 태도로 골고루 섭취하도록 돕고 올바른 위생 개념을 형성하도록 지도해야 한다. 이를 위해 영유아가 간식이나 점심을 먹기 전에 손을 씻도록 안내하고 식사가 끝난 후에는 이를 닦도록 지도한다. 일반적으로 유치원에서는 식사 1회와 오전 간식 1회, 어린이집에서는 식사 1회와 오전·오후 간식 2회를 제공하고 있다.

▣ 배식 과정에서 주의할 점

- 간식 및 점심 전후로 청결한 행주로 식탁(책상)을 닦는다.
- 배식 시 음식별로 위생적인 개별 배식도구(집게, 가위 등)를 사용한다.
  - 맨손으로 음식을 배식하지 않음
  - 하나의 배식도구(집게 등)로 여러 가지 음식을 배식하지 않음
  - 하나의 가위로 여러 가지 음식을 자르지 않음
  - 사용하던 젓가락이나 포크 등으로 음식을 배식하지 않음
- 배식 시 영유아 개인별 식기를 사용한다.

출처 : 보건복지부 · 한국보육진흥원(2020b).

▣ 간식 및 점심 지도

구분	내용	구분	내용
영아	• 손을 깨끗이 씻도록 돕는다. • 자리 안내 및 턱받이 등 준비를 돕는다. • 혼자 힘으로 먹을 수 있도록 격려하고 어느 정도의 지저분함은 허용한다. • 거부하는 음식의 경우 지도교사와 협의하여 양을 조절해 주거나 천천히 먹을 수 있도록 한다. • 자리에 앉아서 먹도록 지도한다. • 식기를 정리할 수 있도록 돕는다.	유아	• 손을 깨끗이 씻도록 한다. • 간식이 유아의 수만큼 준비되어 있는지 확인한다. • 도우미인 유아와 함께 점심을 준비한다. • 음식은 먹을 수 있는 만큼 유아가 선택하도록 기회를 준다. • 식단의 내용을 이야기하며 바른 식습관 지도를 돕는다. • 혼자 먹을 수 있도록 격려하며 식사 후 식기(식판과 수저)와 주변을 정리할 수 있도록 한다.

▣ 이 닦기 지도

구분	내용	구분	내용
영아	• 치약의 양을 교사가 조절하여 짠다. • 영아의 앞니, 어금니, 윗니뿐만 아니라 혀와 입천장도 닦도록 지원한다.	유아	• 치약의 양을 유아가 조절하여 짜도록 한다. • 교사는 유아와 함께 이를 닦으며 시범을 보인다. • 유아에게 앞니, 어금니, 윗니뿐만 아니라 혀와 입천장도 닦도록 안내한다.

(3) 휴식 및 낮잠

영유아들은 자신의 신체 리듬을 유지하고 신체발달 및 심신의 안정을 도모하기 위하여 적절한 휴식이 필요하다. 실습생은 영유아들이 하루 일과 중 언제든지 개별적으로 휴식을 취할 수 있도록 안내하고 편히 쉴 수 있도록 배려해 주어야 한다. 한편 영유아의 연령에 따라 하루 일과 중 낮잠시간을 가질 수 있다. 예를 들어, 어린이집 영아반에서는 낮잠시간을 필수적으로 운영하고, 유아반에서는 만 3세는 낮잠시간을 운영하게 되어 있으나 2학기에는 운영하지 않는 경우도 많다. 유치원에서는 낮잠시간을 운영하지 않는다. 휴식과 낮잠은 오전 활동으로 인한 영유아의 피로와 긴장을 풀어 주고 활기차게 다음 활동에 참여하도록 돕기 때문에 실습생은 실습기관 및 담당 학급과 영유아의 상황을 고려하여 편안한 시간이 되도록 물리적 환경과 정서적 안정을 지원해 주어야 한다.

▣ 월령에 따른 적절한 낮잠 시간

월 령	일일 수면 횟수	1회 수면 시간
6~12개월	2~3회	1시간 30분~2시간
12개월 이상	1회	2시간~2시간 30분

출처 : 황현주 외(2021).

▣ 낮잠 지도

- 영유아가 낮잠을 잘 공간을 사전에 점검하고 아늑하고 편안한 분위기를 만든다.
- 영유아의 이름을 부르며 개별적으로 화장실 가기 등 낮잠을 위한 준비를 한다.
  - ㅇㅇ야, 우리 이제 낮잠 잘 시간이 되어가요. 잘 준비를 해 볼까요?

- 영유아 스스로 자신의 이불을 찾아보도록 한다.
  - ㅇㅇ의 이불은 어디에 있을까?
- 영유아를 토닥여 주어 안정적으로 잠들 수 있도록 한다.
  - 오늘은 어떤 이야기를 들으면서 잘까요? 눈을 감아 볼까요?
- 영유아가 서서히 깰 수 있도록 기다려 주고 팔, 다리를 펼 수 있게 마사지를 해 준다.
  - 우리 곧 일어나야 해요. 일어날 시간이 다 되었어요.
- 낮잠을 거부하는 영유아는 억지로 재우려 하지 말고 잠자리에서 휴식을 취하거나 방해되지 않는 범위에서 조용한 놀이를 하도록 한다.
- 영유아가 낮잠 준비와 낮잠 후 신변을 스스로 정리할 수 있도록 지원한다.

(4) 기저귀 갈기 및 배변 활동, 화장실 이용

영아의 기저귀 갈기와 배변 활동은 정서적 안정과 사회적 관계에 영향을 미치는 중요한 활동으로 가정과 연계하여 진행하는 것이 일반적이다. 특히 만 1세 이전의 영아는 대·소변에 대한 느낌을 표현하기 쉽지 않기 때문에 성인의 전적인 보살핌을 필요로 한다. 한편 만 1세 이후의 영아는 배변에 대한 감각 인식과 배변을 조절하는 괄약근의 발달로 대·소변을 가리기 시작한다. 개인적 차이가 크므로 배변 활동 지도는 영아가 신체적·심리적으로 준비되었을 때 실시하는 것이 바람직하다. 한편 배변 훈련을 마친 유아는 스스로 대·소변을 조절하여 화장실을 이용하게 된다. 그러나 놀이와 활동에 몰입하면 화장실 다녀오는 것을 종종 잊어버려 실수를 하기도 한다.

따라서 실습생은 기저귀 갈이 지원을 위해 월령별·성별에 따른 기저귀의 종류, 기저귀 가는 방법과 상호작용 등에 대해 충분히 이해하고 있어야 하며, 영아가 배변 의사를 표시하면 적절한 칭찬과 격려를 통해 배변 활동을 지원해 주어야 한다. 또한 유아의 표정과 행동을 민감하게 살펴서 수시로 화장실을 다녀올 수 있도록 안내하고, 필요한 경우 대·소변의 뒤처리를 도와주도록 한다.

▣ 기저귀 갈이 지도

- 개별적으로 영아의 이름을 부르며 손 씻기와 기저귀 갈이를 한다.
  - 기저귀는 연령별 · 성별로 사용하는 것이 다르므로 가정에서 보낸 것을 확인
  - 기저귀 갈기 전 · 후로 기저귀 갈이대에 소독액을 뿌려 소독
- 기저귀 갈이의 상황을 긍정적 표현으로 격려하며 편안한 분위기를 조성한다.
  - 선생님이 엉덩이 씻어 주니까 시원하지요? 선생님이랑 쭉쭉이 놀이 해 볼까요.
- 1세 영아는 스스로 기저귀를 찾아볼 수 있도록 한다.
  - ㅇㅇ야, 기저귀를 같이 찾아보자. 여기 있네. 기저귀를 꺼내 볼까요?
- 공기 중 전염을 막기 위해 사용한 기저귀는 비닐봉지에 넣은 뒤 묶어 뚜껑이 있는 휴지통에 버린다.

▣ 배변 활동 지도

- 개별적으로 관찰하며 일정 시간에 화장실을 이용해 보도록 지원한다.
  - 1시간 30분마다 또는 2시간마다 확인
- 영아가 배변 의사를 표시하고 노력하고 반응할 경우에는 적절한 칭찬과 격려를 한다.
  - ㅇㅇ야, 쉬 마려워요? 혼자서 변기에 앉았네요. 오늘은 화장실에 혼자 갔네요.
- 영아가 배변 습관을 기르는 것에 흥미를 가질 수 있도록 놀이를 통해 접근한다.
  - '응가해요' 노래 부르기, 변기 물 내리는 소리 들어보기 등
- 대 · 소변 후에는 반드시 손을 씻도록 한다.

▣ 화장실 이용 지도

- 화장실에 물기가 많으면 미끄러질 위험이 있으므로 물기 제거와 청결 유지에 주의를 기울인다.
- 유아가 올바른 화장실 이용 방법(줄 서기, 변기 사용법, 휴지 사용법, 배변 후 물 내리기, 옷 바로 입기 등)을 실천할 수 있도록 한다.
- 유아는 신체발달상 팔의 길이가 짧아서 스스로 뒤처리를 하는 데 어려움이 있으므로 반드시 청결하게 뒤처리를 해 주도록 한다.
- 화장실을 이용한 후에는 비누로 손을 씻도록 지도한다.

〈표 11-1〉 일상생활 지원하기 사례 - 변기랑 친해져요

영아 경험의 실제
[첫 번째 주] 지혁이는(24개월)가 '똥이 풍덩!' 책을 가져와 교사에게 함께 보기를 청한다. 교사가 "이게 뭐지?"라고 물으며 그림을 가리키자 옆에 있던 지수가 "똥, 똥이 풍덩 했대."라며 들고 있던 인형을 변기 그림 속으로 떨어뜨린다. 지혁이가 따라서 "똥이 풍덩!"이라고 말하며 킥킥거리며 웃는다. **[두 번째 주]** 변기에 관심을 보이는 지혁(24개월), 민재(29개월), 민주(20개월)가 교사와 함께 화장실 변기를 살펴본다. 지혁이가 변기레버를 손으로 까딱여본다. 교사 : 지혁아, 꾸욱 눌러봐. 민주 : 그럼 물이 막 나와. 지혁 : (레버를 살살 누르며) 안 돼. 안 돼. 교사 : (지혁이 손을 잡으며) 그럼 같이 해볼까? 이렇게 꾸욱 눌러야 돼. 민주 : (귀를 막으며) 아 무서. 지혁 : 안 무서워.
영아 경험 이해
• 지혁이는 배변훈련과 관련된 책에 관심을 가지고 배변과 관련된 내용을 몸짓과 말로 표현하였다. • 지혁이는 변기에 관심을 보이며 변기레버를 발견하여 조작하는 등 적극적으로 탐색하였다.
교사 지원
• 공간 : 영아가 일과 중에 화장실을 갈 수 있도록 하여 영아가 변기를 비롯한 화장실 공간을 친숙하게 여기도록 하였다. • 자료 : 영아가 배변훈련에 관심을 가질 수 있는 책과 놀잇감을 준비하였다. • 상호작용 : 영아가 변기를 긍정적으로 경험할 수 있도록 영아의 낯설고 두려운 감정을 수용하고 탐색을 지원하였다.

출처 : 보건복지부(2020).

2. 놀이 지원하기

1) 놀이지원자로서의 교사

하루 일과 중 놀이 시간은 영유아가 주체가 되어 능동적이고 자발적으로 활동하는 시간이다. 따라서 유아교육현장에서는 매일 오전과 오후에 자유놀이를 2시간 이상 계획하여 충분한 놀이가 이루어지도록 운영하고 있다. 이와 함께 영유아의 흥미와 관심에 따라 다양한 놀이가 전개될 수 있도록 지원하는 교사의 역할이 무엇보다 강조되고 있다.

2019년 개정 누리과정(교육부·보건복지부, 2019a; 2019b)과 2024 개정 표준보육과정(교육부, 2025a)에서는 교사를 영유아의 놀이 지원자로 제안하고 있다. 교사는 놀이의 특성, 의미, 가치를 이해하고 영유아가 즐겁게 놀이하면서 배우는 경험을 지원해야 한다. 즉, 영유아의 흥미와 관심, 개별 특성을 존중하며 영유아의 다양한 놀이와 경험을 지원할 수 있도록 공간을 구성하고, 풍부한 자료와 충분한 시간을 제공하고 상호작용에 변화를 주어야 한다는 것이다. 따라서 실습생은 실습지도교사와 협의하여 놀이환경(공간, 자료)을 구성하고, 영유아와 바람직한 상호작용을 하여 영유아가 놀이에 몰입하고 놀이를 확장하도록 돕는 역할을 해야 한다.

▣ 놀이공간 지원

놀이공간 지원을 위해 실습생은 놀이의 전개를 지켜보면서 영유아의 놀이를 방해하는 요소가 무엇인지를 관찰하고 영유아의 의견을 반영하여 놀이공간을 구성하고 운영해 나갈 수 있다. 실습생 혼자서 결정하기 어려운 상황이라면 지도교사와의 협의를 통해 진행할 수 있다.

예 놀이공간 융통성 있게 배치하기, 놀이공간 넓히기, 유아에게 공간 배치 주도권 주기, 다른 놀이공간 찾기 등

■ **놀이자료 지원**

놀이자료 지원을 위해 실습생은 위험하거나 유해하지 않은 한 모든 자료가 놀이자료가 될 수 있다는 열린 마음과 영유아가 관심을 가진 자료를 자신만의 탐색 방법을 통해 자유롭게 놀이할 수 있도록 수용해 주는 자세가 필요하다.

예 영유아가 결정한 자료활용 방법 격려하기, 자연물이나 자연현상도 놀이자료로 활용하기, 다양한 일상의 사물을 놀이자료로 활용하기, 몸으로 놀이하기, 기존의 자료를 새롭게 활용하기 등

2) 놀이에서 상호작용 전략

영유아는 놀이를 하면서 또래 영유아, 교사, 환경과 능동적으로 상호작용하고 이 과정에서 사물과 현상, 다양한 관계에 대한 배움을 얻게 된다. 상호작용은 놀이 과정에서 끊임없이 일어나는데 영유아는 상호작용에서의 반응을 통해 자신이 존중받고 있음을 느낄 뿐 아니라 놀이를 확장함으로 인해 자신이 유능한 존재임을 알게 된다. 교사가 영유아와 상호작용하는 방법은 비언어적, 언어적 소통방법을 모두 포함한다. 따라서 실습생은 관찰하기, 질문하기, 제안하기, 함께 참여하기, 정서 지원하기와 같은 다양한 방법으로 영유아와 상호작용하면서 놀이를 간접적 또는 직접적으로 지원할 수 있다(교육부 · 보건복지부, 2019b).

■ **놀이 지원을 위해 관찰한다.**

영유아의 놀이를 지원하기 위해서는 즉각적인 개입보다는 유아가 놀이에서 보이는 감정의 상태, 궁금해하는 것, 흥미를 보이고 탐색하는 것 등을 관찰하면서 기다리도록 한다.

예 놀이를 관찰하며 눈빛, 미소, 끄덕거림 등 비언어적 반응 제공

▣ 제안하며 놀이를 지원한다.

현재 진행 중인 놀이가 잘 지속될 수 있도록 공간, 자료, 시간, 약속, 규칙 등의 측면에서 무엇을 어떻게 지원하면 좋을지 고민하여 제안한다.

예 '다른 친구에게 방해되지 않게 하려면 어떤 방법이 있을까?', '교실에서 던지며 놀면 부딪힐 수도 있으니까 어떻게 하면 좋을까?'

▣ 영유아의 놀이에 참여하며 지원한다.

영유아와 실습생이 놀이의 즐거움을 공유할 수 있는 기회가 많을수록 둘 사이에 진정한 공감과 소통이 발생한다. 실습생이 영유아의 놀이에 공동 놀이자로 참여할 때 놀이를 더 잘 이해하게 되고 효과적으로 지원할 수 있다.

예 아이디어의 결핍으로 놀이가 교착 상태일 때, 영유아 간 다른 요구를 하거나 의견 충돌이 발생했을 때, 공간이나 자료를 점유하기 위해 갈등이 생겼을 때 등

▣ 질문하며 놀이를 지원한다.

영유아는 놀이하면서 끊임없이 '왜?', '어떻게?'와 같은 내면적 질문을 만나고 답하게 되는데, 영유아들의 생각이 유연하게 흐를 수 있도록 돕기 위해 실습생은 질문을 할 수 있다.

예 '선생님은 이런 생각이 드는데, 너는 어떻게 생각해?', '그것도 좋은 방법인데 무겁지 않을까?'와 같은 영유아와 능동적으로 생각을 나눌 수 있는 질문 활용

▣ 정서적으로 지원해 준다.

영유아가 놀이를 통해 성취감을 경험할 수 있도록 긍정적인 정서 지원을 해 주어야 한다. 실습생은 미소, 끄덕거림, 공감하는 표정과 같은 비언어적 상호작용과 공감, 감탄, 격려 등의 언어적 상호작용을 통해 지원해 줄 수 있다.

예 '너도 하고 싶은데 기다려야 해서 속상하구나.', '어떻게 이런 멋진 색을 만들었니!', '큰 것부터 쌓는구나. 그래. 이번에는 무너지지 않을 거야.' 등

3) 놀이영역에 따른 교사의 지원

(1) 영아반을 위한 놀이 지원

영아는 개별적인 관심과 흥미에 따라 스스로 선택한 놀이를 통해 즐거움을 느끼고 욕구를 충족시키면서 건강한 성장과 발달을 이루게 된다. 특히 영아에게는 자신의 신체나 주변에 있는 물건과 놀잇감을 탐색하는 활동 그 자체가 놀이 상황이 되는데, 이러한 감각 운동적 놀이를 반복하면서 영아는 기존에 습득한 기술과 지식을 재구성하고 발달된 놀이 형태로 확장해 나간다(양옥승 외, 2021). 영아를 위한 놀이영역별 놀이 지원방법의 예를 살펴보면 다음과 같다.

〈표 11-2〉 놀이영역별 놀이 지원의 예

영 역	놀이 지원
신체놀이	• 신체활동을 하는 공간과 놀잇감의 안전을 점검한다. • 다양한 신체활동에 함께 참여한다. • 영아의 다양한 신체 움직임을 언어적으로 표현해 주며 격려한다. – 두 발로 폴짝하고 뛸 수 있구나. • 또래의 신체 움직임이나 신체놀이 방법을 말로 표현해 줌으로써 영아가 또래를 관찰하거나 따라 해 보도록 한다.
언어놀이	• 영아 스스로 책을 선택하도록 하고 영아가 선택한 그림을 함께 본다. • 교사는 영아에게 개별적으로 책을 읽어주고, 여러 명이 관심 있는 책일 경우에는 2~3명의 소그룹으로 책을 읽어주되 자연스럽게 대화하듯이 읽어준다. • 책을 읽어줄 때는 목소리의 톤과 크기에 변화를 주고 다양한 목소리를 사용하여 그림책 내용이나 분위기를 파악하도록 한다. • 책보기 중에 이야기에 제시된 행동을 시도해 보거나 영아와 관련된 경험과 연결하여 이야기를 나눈다. • 그림책에 대한 영아의 관심이 사라지면 읽기를 중단하고 다른 책을 가져오게 하거나 다른 놀이를 한다.

감각 · 탐색놀이	• 개인적인 활동이 많으므로 영아들이 좋아하는 놀잇감의 경우 영아 수만큼 충분한 개수를 제공한다. • 영아 스스로 탐색하고 조작할 수 있도록 충분한 시간과 공간을 제공하며 곁에서 격려하고 적절한 도움을 제공한다. • 영아의 탐색과 조작활동에 대해 언어로 표현해 준다. – ㅇㅇ이가 손가락으로 꾹 누르니까 뚜껑이 열렸네. • 영아가 놀이를 지루해하거나 더 이상 흥미를 보이지 않을 때는 새로운 놀이방법을 제안한다.
역할 · 쌓기놀이	• 역할놀이를 위한 다양한 소품을 제공한다. • 영아와 함께 가작놀이에 참여한다. • 실제 사물과 유사한 놀잇감을 사용하여 영아의 가작화를 돕는다. • 역할놀이를 충분히 즐길 수 있도록 그 역할놀이와 관련된 새로운 아이디어를 제안한다. • 다양한 블록으로 여러 가지 구성물을 만들 수 있도록 격려한다. • 블록으로 높게 쌓고 무너뜨리는 것을 즐기는 영아의 놀이 욕구를 존중하되, 주변 영아에게 방해되지 않도록 규칙을 지키도록 한다.
미술놀이	• 다양한 미술 재료를 탐색할 수 있도록 기회를 제공한다. • 미술놀이 과정에 초점을 두고 영아의 경험을 언어로 표현해 주면서 미술놀이를 즐기도록 한다. – 빨간색 종이를 붙이니까 맛있는 사과가 되었네. • 영아의 끼적거리기, 선 긋기, 붙이기 등을 격려한다. • 영아의 작품에 이름을 써 주고 벽에 게시하여 자신의 작품을 자랑스러워하도록 한다.
음률놀이	• 노래 부르기 및 신체표현 놀이에 함께 참여한다. • 노래 부르기 및 신체표현 놀이에 모든 영아가 참여하도록 강요하지 않는다. • 노랫말에 영아의 이름을 넣어 부르거나 매일 접하는 일상생활과 관련된 가사로 바꾸어 부르면 좋아한다. • 신체표현 놀이 시 실습생의 모델링을 통해 영아가 자연스럽게 따라 하게 하거나 영아가 하고 싶은 대로 자유롭게 움직이고 표현하도록 한다.

〈표 11-3〉 놀이 지원하기 사례(1) - 냄비소리 국자소리 더 큰 소리

영아 경험의 실제	
[역할놀이를 하던 율이]	역할놀이를 하던 율이는 냄비로 주걱을 움직이다 마주치며 소리를 만들어 낸다. 이를 보고 있던 라엘이가 다가와 옆에 놓인 냄비와 냄비 뚜껑을 들고 마주치며 소리를 만든다.
[국자소리 만들기]	라엘이가 국자로 크게 소리를 내려고 주방도구를 두드리다가 멈춰서 웃고 다시 마주치기를 반복한다.
[냄비 소리도 만들기]	서하가 냄비 뚜껑을 들고 소리를 만든다. 냄비 뚜껑, 국자로 소리를 만들어 낸다.
영아 경험 이해	
• 주방도구를 부딪히며 만들어 낸 소리를 좋아하며 소리의 크기와 소리의 멈춤과 진행에 대하여 자신만의 리듬으로 표현하는 것을 즐겼다. • 역할놀이를 하다가 우연하게 소리를 만들어 낼 수 있다는 것을 발견하고 다양한 소리를 만들어 보는 것을 즐겼다. 도구를 달리하여 소리를 만들어 내고, 소리의 흐름과 멈춤을 경험하며 즐거워하였다. • 같은 반 영아가 만들어 낸 소리에 관심을 가지고 서로의 모습을 바라보았다.	
교사 지원	
• 공간 : 보육실 가운데 넓은 공간이 확보될 수 있도록 하였다. • 자료 : 영아가 잡을 수 있는 악기와 그 외에 다양한 소리가 가능한 주방도구(예 알루미늄 냄비, 스테인레스 그릇류 등)를 구비하여 비치하였다. • 상호작용 – 소리의 크리, 리듬의 변화, 도구의 활용에 대하여 언어로 격려하였다. – 멈춤과 지식을 경험할 수 있도록 언어로 지원해 주었다. • 안전 : 영아가 주방도구를 바닥에 대고 두드리거나 마주칠 때 소음이나 충격이 완화될 수 있는 매트를 준비하였다.	

출처 : 보건복지부(2020).

〈표 11-4〉 놀이 지원하기 사례(2) - 원통도형퍼즐이 그릇이 되어요.

놀이 사례
0세반의 2학기가 되면 영아들은 입체도형퍼즐을 맞추는 조작활동도 하고, 냠냠 음식 먹는 흉내를 내며 상상놀이를 시작하기도 한다. 원통퍼즐을 만지작 거리며 관심을 보이는 지수. 옆에 놓여 있던 놀이용 그릇을 들어 원통퍼즐에 넣었더니 크기가 딱 들어맞아 지수의 눈이 동그래진다. 지수는 손에 잡히는 모든 모형 음식을 집어넣는다.

교사 지원
• 영아의 발달과 특성에 맞는 다양한 놀잇감을 준비해 주었다. • 원통퍼즐에 그릇에 넣었을 때 "지수가 넣은 그릇이 원통에 쏙 들어갔네!"라고 반응해 주자 교사의 반응에 관심을 보이며 같은 놀이를 지속할 수 있었다. • 그릇에 모형 음식을 넣고 냠냠 먹는 흉내를 내기도 하고 모형 음식을 담고 쏟아보기도 하면서 다양한 놀이가 활발하게 일어나도록 함께 영아의 놀이를 확장해 주었다.

출처 : 중앙육아종합지원센터(2020a).

(2) 유아반을 위한 놀이 지원

하루 일과에서 가장 큰 비중을 차지하는 자유놀이 시간은 유아가 자신이 선택한 놀이에 집중하면서 또래 간의 상호작용이 활발하게 일어나는 중요한 시간이다. 따라서 실습생은 유아의 놀이 결정 능력을 존중하고 유아 스스로 선택한 놀이가 다양하게 심화·확장될 수 있도록 지원해 주어야 한다. 유아를 위한 놀이영역별 놀이 지원방법의 예를 살펴보면 다음과 같다.

〈표 11-5〉 놀이영역별 놀이 지원의 예

영 역	놀이 지원
쌓기놀이	• 유아가 혼자 또는 또래와 함께 표현하고자 하는 구조물을 구성하도록 공간과 시간을 충분히 지원한다. • 다양한 블록을 선택하여 놀이할 수 있도록 지원하고, 구체적인 복잡한 모양을 구성할 수 있도록 다양한 소품을 함께 제공한다. • 유아가 구조물을 만들 때 주의 깊게 관찰하여 적절한 의견을 제시함으로써 사고력과 구성능력을 지원한다. • 문제상황이 발생하였을 경우 유아들이 해결책을 찾아볼 수 있도록 제안하고 스스로 해결할 수 있는 기회를 제공한다. • 만들어진 구조물이 다음 활동에 사용되거나 흥미를 지속시키기 위해 필요가 있을 경우 정리하지 않고 남겨두도록 한다. • 가지고 놀던 쌓기 놀잇감은 스스로 정리하도록 지도한다.

역할놀이	• 유아의 놀이를 잘 관찰하여 역할놀이가 보다 확장될 수 있도록 관련된 다양한 소품이나 사건 등을 지원한다. • 실습생은 유아의 역할놀이를 관찰하고 적절한 시기에 놀이 상대자로 참여하고 놀이에서 빠져나오는 등 놀이 전개에 따라 다른 역할로 놀이에 참여해야 한다. – 3세 교사가 유아의 놀이에 함께 참여하여 격려한다면 놀이시간이 점차 길어지고 주제가 다양해지며 역할이 복잡해지면서 놀이가 확대될 수 있음 – 4세 교사는 유아의 놀이에 함께 참여하거나 지켜보면서 도움이 필요할 때 적절히 개입하는 것이 바람직함 • 익숙하지 않은 상황을 표현할 때 실습생은 그 역할에 어울리는 언어사용이나 행동의 모델이 될 수 있다. • 필요한 역할소품은 직접 만들어서 사용할 수 있도록 한다.
언어놀이	• 실습생은 유아에게 단어, 문장, 이야기 등을 들려줄 때 유아와 시선을 맞추고 바른 발음으로 말하고 적절한 언어를 사용하여 상호작용하는 모습을 보여주어야 한다. • 유아가 자발적으로 말할 때마다 실습생은 말이 끝날 때까지 기다리고 집중하여 들어줌으로써 언어로 표현하려는 유아의 의욕을 북돋울 수 있다. • 또래 간에 활발하게 이야기를 주고받을 수 있는 기회를 주되, 다른 사람과 효율적으로 대화하는 방법을 익히도록 도와준다. • 유아들이 익숙한 주변 환경에서 글자에 관심을 가질 수 있도록 일상생활에서 글자를 찾아보는 경험을 함께 해 본다. • 일과 중에 쓰기 활동이 자연스럽게 일어나도록 여러 가지 쓰기 도구를 비치해 두고 쓰기에 자유롭게 참여하도록 한다. • 쓰기를 할 때 쓰기 오류를 지적하기보다는 글자와 비슷한 모양으로 표현하는 유아의 능력을 격려하며 쓰기에 흥미를 가지도록 한다. • 동화, 동시에서 말이 재미를 느낄 수 있게 하고, 말놀이와 이야기 짓기를 즐겨 할 수 있도록 지원한다.
수 · 조작놀이	• 유아가 직접 조작할 수 있는 놀잇감을 제시한다. • 유아가 능동적이고 적극적으로 놀잇감을 조작하면서 문제를 해결하도록 지원한다. • 답을 알고 있는 실습생이 직접 해결책을 알려주지 않고 유아 자신이 스스로 생각해 보고 시도해 볼 기회를 준다. • 수 · 조작 놀잇감은 작은 조각으로 구성되어 있는 경우가 많으므로 유아의 안전을 위해 안전 수칙을 유아들과 함께 공유하도록 한다.

과학놀이	• 유아가 자료를 보고, 듣고, 만지고, 냄새를 맡아보는 탐색의 과정을 충분히 경험하도록 격려한다. • 유아의 호기심이 유지될 수 있도록 필요한 자료를 시간이 지남에 따라 첨가한다. • 다양한 사물이나 사건을 탐색하면서 서로 같은 점이나 다른 점을 찾아보면서 특성을 파악하도록 한다. • 유아가 관찰하고 왜 그런지 스스로 생각해 보고 예측해 보며 자신의 예측과 결과와 비교하고 결론을 내려보는 과정을 경험해 볼 수 있도록 지원한다. • 과학적 문제해결 과정 중 유아가 좌절감을 느끼지 않도록 적절한 도움을 제공한다.
미술놀이	• 유아는 자신이 주의 깊게 본 것, 탐색하고 관찰한 것을 토대로 표현한 소재를 찾게 되므로 자연, 주변 환경, 사물이 가진 아름다움을 탐색할 수 있는 기회를 제공해 준다. • 미술활동의 기본이 되는 선, 면, 색, 명암 등의 요소를 주변 사물 속에서 찾아보는 경험을 가질 수 있도록 해 준다. • 미술활동 자료를 풍부하게 제공해 주어 유아 개인의 흥미와 요구, 능력에 따라 활동할 수 있도록 하고, 놀이나 계절에 따라서 변화를 준다. • 유아의 창의적 표현을 격려하고 자발적인 시도를 장려하여 미술표현에 자신감을 가질 수 있도록 한다. • 유아의 탐색과 표현 과정을 주의 깊게 관찰하여 활동의 과정에서 언어적으로 반응하여 준다. • 유아가 참여한 활동에 끝까지 마무리할 수 있도록 격려하고 마치지 못한 작품은 다음 날에 이어서 할 수 있도록 허용한다. • 활동이 끝난 후에는 자신의 작품에 이름을 써서 보관하고, 스스로 주변을 정리할 수 있도록 한다.
음률놀이	• 노래 부르기, 악기 탐색하기, 리듬 탐색하기, 음악 감상하기 등 다양한 경험을 제공한다. • 유아의 독창적이고 자유로운 음악 · 동작 표현을 격려한다. • 다양한 움직임을 유도할 수 있는 도구나 동영상을 준비한다. • 실습생이 자신감을 가지고 밝은 표정으로 즐기면서 음률활동을 제시해야 유아들도 흥겹게 같이 할 수 있다.

〈표 11-6〉 놀이 지원하기 사례(1) - 벽에 테이프로 건물 만들기

유아 경험의 실제
"선생님, 색깔이 있는 테이프가 필요해요." "노란 선은 고속도로, 파란 선은 1호선, 초록 선은 2호선, 빨간 선은 3호선이야." 유아들은 벽에 테이프로 여러 가지 건물과 아파트를 만들었다. "지하철에서 내리면 아파트가 있지." "아파트는 바닥에 있는 게 아니지. 서 있잖아." "그럼 벽에다 그려."
유아 경험 이해
• 유아들은 생활 속에서 지하철을 탄 경험과 고속도로를 가본 경험을 바탕으로 테이프를 이용하여 고속도로와 지하철 노선을 바닥에 자유롭게 표현하면서 색깔 선마다 적절한 이름을 부여하였다. • 유아들은 상대방이 하는 이야기를 듣고 관련해서 말하며 건물과 아파트를 벽에 그리고 있다.
교사 지원
• 공간 : 교사는 유아가 만든 길이 복도 바닥에서 벽으로 올라가 아파트가 되고, 더 크고 긴 길이가 될 수 있도록 공간을 확장하였다. • 자료 : 유아의 색 테이프 요청을 수용하여, 교사는 4가지 색(빨강, 노랑, 파랑, 초록)의 테이프를 제공하였다.

출처 : 교육부 · 보건복지부(2019b) 내용 일부 수정.

〈표 11-7〉 놀이 지원하기 사례(2) - 연날리기

유아의 흥미와 호기심 관찰
• 그림책 「저절로 흥이 난다」의 옛 놀이에 관심을 보이는 유아 관찰 • 옛 놀이 화보를 보며 "나도 연날리기 하고 싶은데"라고 말하는 유아들이 나타남 • 종이를 사용하여 만든 연을 날리는 모습의 유아가 관찰됨
놀이 지원을 위한 고민
• 연에 대한 유아의 흥미를 지원해 줄 수 있는 방법을 고민함 • 연날리기 장소에 대해 유아들과 토론하기로 함

놀이 지원
• 자료 : 연날리기 화보, 연날리기에 관한 옛 놀이 그림책 제시 • 상호작용 – 연에 대하여 관심을 가지도록 함께 그림책을 보며 상호작용하였다. – 연날리기를 위한 공간에 대해 이야기를 나누었다. – 실내에서 연을 날릴 때 생길 수 있는 어려운 점에 대해서 유아들과 토론하였다. – 연날리기에서 발생할 수 있는 문제점을 해결하는 방법을 함께 찾아보기로 하였다.

출처 : 김정원 · 김유정(2020) 내용 일부 수정.

▣ 놀이 지원을 위한 참고 사이트 : i-누리(누리과정 포털 사이트)

i-누리(누리과정 포털 사이트)의 자료누리와 연수누리, 상담누리, 소통누리 코너에서 놀이지원과 관련된 다양한 사례와 자료를 확인할 수 있음

3. 활동 지원하기

1) 놀이 연계 활동 지원을 위한 사전 협의

유아반을 담당하는 실습생의 경우에는 유아의 놀이 특성을 관찰하고 이를 기초로 놀이와 연계된 활동을 계획할 수 있다. 이때 실습지도교사와의 협의(유아 발달의 적절성, 유아의 흥미와 관심, 행사 및 반의 특별한 상황, 유아들의 놀이 양상 등)를 통해 놀이 연계 활동을 계획하고 수차례의 피드백 과정을 통해 활동을 확정하도록 한다. 활동 지원은 전이활동부터 시작하여 대 · 소집단 활동으로 순차적으로

계획하여 실행해 볼 수 있는데, 실습생은 이론적 지식은 익혔으나 실천적 지식은 확립되지 않았으므로 실습지도교사의 지도를 통해 실행해 나가는 것이 바람직하다.

2) 활동 지원 계획 및 운영

실습생은 유아의 일상생활과 놀이 및 활동을 관찰하고 참여하며 주요한 실습 내용과 반성적 기록을 실습일지에 작성하게 된다. 활동 지원을 위해 실습생은 실습일지의 실행 및 놀이 평가 내용을 토대로 놀이와 연계된 대·소집단 활동을 계획하여 운영하는 것이 바람직하다.

(1) 활동계획안 작성하기

① 활동(명) 선정

현재 진행되고 있는 유아들의 놀이 관찰내용을 토대로 놀이 심화·확장을 위한 활동(명)을 선정한다. 다음으로 선정된 활동이 어떤 놀이영역 또는 활동유형과 연계되는지를 작성한다.

〈표 11-8〉 놀이와 연계된 활동명 및 활동유형 작성의 예

유아의 놀이 관찰			
• 옛 놀이 화보를 보면서 '우리도 팽이치기하면 좋겠다.'라고 말하는 유아들이 나타남 • 팽이를 만드는 데 필요한 재료에 대해서 궁금해함 • 팽이 만들기에 가장 적합한 재료를 찾는 유아들의 모습이 관찰됨			
⬇			
활동명	자연물 팽이를 만들어요	활동유형	미술

② 활동목표 진술

활동목표를 작성할 때는 2019 개정 누리과정 5개 영역의 내용과 연계되도록 기술한다. 이때 유아가 경험할 내용을 구체적으로 작성하되, 지식뿐 아니라 기술이나 태도, 가치도 포함하도록 한다.

▣ 목표 진술 시 유의점

- 목표는 교사 중심이 아니라 유아의 경험과 달성목표를 주어로 삼아야 한다.
- 목표에 2개 이상의 학습결과가 포함되지 않도록 한다.
- 목표는 내용의 위계에 따라 순차적으로 제시한다.
  - 목표진술 순서가 활동내용 전개 순서와 일치하는 것이 바람직함
- 목표 진술을 할 때는 행동적 목표 또는 표현적 목표 진술이 적합하다.
  - 행동적 목표 진술 : 활동의 결과로 얻어질 합당한 지식, 가치 또는 태도, 기능 등의 변화를 진술하는 것(예 ~ 안다, ~ 만든다)
  - 표현적 목표 진술 : 학습자가 가지는 학습 상황의 경험을 나타내는 것(예 ~ 창의적으로 구성한다, ~ 게임을 즐긴다, ~ 촉감을 느껴본다)

〈표 11-9〉 활동목표 진술의 예

활동목표	• 옛 놀이인 팽이에 관심을 가진다. • 자연물을 활용하여 팽이를 창의적으로 만든다. • 자연물 팽이치기를 즐긴다.

③ 활동자료

활동자료를 작성할 때는 활동에 필요한 자료와 종류, 수량을 구체적으로 기술한다. 제작이 필요한 자료의 경우에는 실습지도교사와 협의를 통해 자료 제작을 확정하고, 계획안에 자료의 완성된 모습을 포함하거나 놀잇감 제작서(완성된 모습, 제작방법, 적절한 활용법, 유의점)를 작성하여 첨부할 수 있다. 실습생의

시간과 비용의 낭비가 발생하지 않도록 활동에 꼭 필요한 자료만 제작하도록 한다.

〈표 11-10〉 활동자료 작성의 예

활동자료	도토리, 소나무껍질, 박조각, 돌멩이 등의 다양한 자연물, 재활용품, 이쑤시개, 꾸미기 재료, 팽이(실물 또는 사진)

④ 활동방법

활동방법은 활동목표의 성취를 위해 활동내용과 상호작용을 구체적으로 계획하는 것이다. 활동방법을 작성할 때는 활동 순서와 함께 자신이 담당하는 학급의 유아 반응을 예상하면서 기록하도록 한다. 실습생은 활동 지도능력이 아직 부족할 수 있으므로 가능한 한 다양한 상황(흥미를 보이지 않을 때, 과도한 흥미를 보였을 때, 다른 대답이 나오는 경우, 전자기기가 작동하지 않는 경우, 날씨로 인해 활동을 진행할 수 없을 때 등)을 고려하여 구체적으로 계획하는 것이 좋다.

활동방법에는 활동의 전체적인 흐름을 알 수 있는 활동 순서를 먼저 작성하고, 그 아래에 대표적인 발문을 적도록 하되, 실습생이 활동 진행(도입-전개-마무리)에 대한 기본 계획을 가지고 있더라도 유아의 의견에 따라 얼마든지 변화될 수 있다는 융통성을 가지고 진행하도록 한다.

▣ 도입 단계

- 유아들이 활동에 적극적으로 참여할 수 있도록 유도하는 시간으로 활동시간의 약 10% 정도인 대략 5분 이내가 적절하다.
- 유아의 주의를 집중시켜 실습생이 준비한 활동이 원활하게 진행되도록 한다.
- 유아의 이전 놀이 경험과 본 활동에 대한 흥미(사전경험 회상, 수수께끼, 짧은 이야기 등)를 유발한다.
- 오늘의 활동을 소개하여 본 활동에 대한 기대감을 높인다.

▣ 전개 단계

- 활동시간의 80%를 차지하며 대략 10~15분 이내로 이루어지는 것이 적절하다. 도입 단계에서 유발된 흥미를 유지할 수 있도록 다양한 교수 · 학습 방법을 사용한다.
- 활동내용은 단순하고 쉬운 내용에서 복잡하고 어려운 내용 순서로 제시한다.
- 유아의 연령, 흥미에 적합한 교수매체(실물, 그림, 동영상 등)와 다양한 상호작용(질문하기, 토론하기, 표현하기 등)을 통해 유아의 활발한 참여와 적극적인 반응을 이끌어 낸다.

▣ 마무리 단계

- 활동시간의 약 10%를 차지하며 활동을 짧게 되돌아보며 만족감과 성취감, 다음 활동에 대한 기대감을 심어주도록 한다.
- 전체 활동에 대한 생각과 느낌을 나누고 주요 활동내용을 요약 · 정리한다.
- 확장활동으로 유아들이 학습한 내용을 일상생활에 적용하는 경험을 제시하거나 오늘 충분히 다루지 못한 내용이 있으면 추가로 할 수 있게 제안하여 활동에 대한 기대를 지속시킨다.

〈표 11-11〉 활동방법 작성의 예

도 입	• 옛 놀이 그림책에서 팽이치기를 본 경험에 대해 이야기 나눈다. – 옛 놀이 그림책에 어떤 놀이가 있었나요? • '자연물 팽이 만들기' 활동을 소개한다. – (팽이를 보여주며) 팽이를 본 적이 있니? – 얘들아, 오늘 선생님이 너희들과 함께 '팽이'를 만들려고 준비했어요.
전 개	• 팽이와 비슷하게 생긴 자연물에는 무엇이 있을지 이야기 나눈다. – 우리 주변에서 팽이와 비슷하게 생긴 물건은 무엇이 있을까요? • 자연물 팽이 만들기에 필요한 재료에 대해 이야기를 나눈다. – 자연물 중에서 어떤 재료를 사용하여 팽이로 만들 수 있을까요? – 또 어떤 재료가 있을까요? – 팽이를 잘 돌리기 위해 필요한 것은 무엇일까요? – 선생님은 이런 도구를 생각해 봤어요. • 산책을 통하여 유아들이 수집한 다양한 종류의 자연물과 재활용품 등을 이용하여 팽이를 만들어 본다. – 이 재료로 팽이를 어떻게 만들 수 있을까요? – 잘 돌아가려면 어디에 구멍을 뚫어야 할까요? • 완성된 자연물 팽이로 팽이를 돌린다. – 완성된 팽이를 앞으로 가져와서 돌려볼까요?
마무리	• 유아들이 만든 팽이를 이용하여 놀이한 느낌에 대해 이야기 나눈다. – 팽이를 돌려 보니 어땠나요? – 어떤 팽이가 가장 잘 돌아가니? – 어떤 방법으로 돌릴 수 있었니? – 어떻게 하면 더 잘 돌아가는 팽이를 만들 수 있는지 생각나면 내일 또 해 보자.

출처 : 교육과학기술부(2013).

⑤ 확장활동

확장활동은 전개된 활동을 심화시켜 다른 활동이나 놀이로 확장시켜 나가거나 가정과의 연계활동으로 진행하는 것을 의미한다.

〈표 11-12〉 확장활동 작성의 예

확장활동	• 다양한 팽이채를 만들어 보고 팽이를 돌려보는 활동을 할 수 있다. • 팽이 위쪽에 축을 만들거나 무거운 물체를 다는 등 팽이를 변화시켜 좀 더 오래 돌아가는 팽이를 만들어 본다. • 유아들과 의논하여 팽이치기 대회를 계획하여 진행한다.

〈표 11-13〉 활동계획안 작성의 예 - 비 오는 날

<table>
<tr><td rowspan="2">일 시</td><td rowspan="2" colspan="2">20○○년 ○월 ○일 ( )
(: ~ :)</td><td rowspan="2">결재</td><td>실습생</td><td>지도교사</td><td>원장</td></tr>
<tr><td></td><td></td><td></td></tr>
<tr><td>주 제</td><td>여름</td><td colspan="2">소주제</td><td colspan="3">여름 날씨</td></tr>
<tr><td>활동명</td><td>비 오는 날</td><td colspan="2">활동유형</td><td colspan="3">동시</td></tr>
<tr><td>활동목표</td><td colspan="6">• 비가 내린 바깥놀이터에 대한 경험을 이야기한다.
• 날씨의 변화에 관심을 가진다.
• 동시 듣기를 즐긴다.</td></tr>
<tr><td>활동자료</td><td colspan="6">'비 오는 날' 동시자료(동시판), '노란우산' CD</td></tr>
<tr><td>활동전개</td><td colspan="5">활동내용</td><td>자료(·) 및
유의점(※)</td></tr>
<tr><td>도입
(5')</td><td colspan="5">[오전 산책에서 유아들의 놀이 관찰] 비 오는 날 비옷이나 우산, 장화를 착용하고 바깥으로 나가 바깥놀이터에서 오감을 통해 비 오는 날을 즐겁게 경험하였다.
• 바깥놀이터에서 경험한 비 오는 날에 대해 이야기 나눈다.
– 바깥에서 빗소리를 들었을 때 어떤 생각이 들었나요?
– 비에 젖은 땅과 풀의 모습은 어떤가요?
• 비 오는 날의 경험에 대해 이야기 나눈다.
– '비 오는 날' 하면 어떤 생각이 드나요?
– 비 오는 날에는 어떤 것이 필요할까요?</td><td>※ 오전 산책에서의 놀이와 연계하여 활동을 진행한다.</td></tr>
</table>

전개 (20′)	• 동시 판의 그림을 보며 동시에 대해 이야기 나눈다. – 동시의 제목은 '비 오는 날'이에요. 지은이는 김현정 선생님입니다. • 동시 '비 오는 날' 자료를 보며 천천히 읊는다. • '노란우산'(류재수 · 신동일, 보림) CD를 배경음악으로 들으며 동시를 읊는다. **비 오는 날** 김현정 오늘은 해님 안 떠요. 비 오는 날이에요. 오늘은 해님 안 떠요. 비 오는 날이에요. 오늘은 지렁이 나와요. 비 오는 날이에요. 오늘은 지렁이 나와요. 비 오는 날이에요. 오늘은 장화 신어요. 비 오는 날이에요. 오늘은 장화 신어요. 비 오는 날이에요. • 동시의 내용에 대해 이야기 나눈다. – 비 오는 날 하늘은 어떤 모습이었나요? – 비 오는 날에 땅에서 보았던 것은 무엇일까요? – 비 오는 날에는 어떤 신발을 신을까요? • '비 오는 날' 동시 판을 보며 다시 한 번 읊는다. – 비 오는 날을 생각하며 함께 읊어봅시다. • 유아들과 의논하여 한 부분씩 나누어 읊어본다. – 어떻게 하면 더 재미있게 읊어볼 수 있을까요? • 처음부터 전체를 다 함께 읊어본다. • 동시를 듣고 난 느낌에 대해 이야기 나눈다. – '비 오는 날' 동시를 들어보니 느낌이 어떤가요? – 우리가 동시를 짓는다면 어떤 이야기를 더 넣고 싶나요?	• 동시판 • 노란우산 CD ※ 동시를 읊어줄 때 시의 분위기와 운을 살려 천천히 읊는다. ※ 다양한 방법(전체–부분, 크게–작게, 빠르게–느리게, 길게–짧게, 리듬 등)을 활용하여 동시를 읊는다.

정리 (5′)	• 동시 판을 언어 영역에 게시하여 개별적으로 활동해 본다. – 이 동시 판은 어디에 두면 좋을까요? • 활동 전이(화장실 갈 때) 시 동시에 나온 지렁이를 표현해 본다. – 모두 지렁이가 되어서 교실 문까지 가봅시다.	
확장활동	• '비 오는 날' 노래 CD를 들려주어 노래로 즐길 수 있다. • 동화책 '비 오는 날'을 소개하고 읽어준 후 이야기를 나눌 수 있다. • '비 오는 날'을 생각하며 그림으로 표현해 볼 수 있다.	

출처 : 부산광역시교육청(2016).

(2) 활동유형에 따른 교사의 지원

① 이야기 나누기

이야기 나누기는 교사와 유아가 함께 모여 앉아 일상생활이나 진행 중인 놀이와 관련된 것에 대한 정보를 교환하고 서로의 생각을 들어보거나 토론하기 등을 할 수 있는 활동이다. 이야기 나누기 활동을 통해 유아들은 주변 사물이나 현상에 대한 지식과 흥미의 범위를 넓힐 수 있으며, 자신의 생각과 느낌, 경험을 알맞게 표현하고 다른 사람의 말을 주의 깊게 듣는 의사소통 능력을 발달시키게 된다.

▣ 이야기 나누기 활동 지도

- 이야기 나누기와 관련된 구체적인 실물자료, 그림, 영상 등의 다양한 교수매체를 준비한다.
- 이야기 나누기는 교사와 유아, 유아와 유아 간의 자연스러운 상호작용이 이루어지도록 개방적인 분위기를 형성한다.
- 이야기 나누기를 위해 교사는 유아들의 사고확장을 위한 발문 및 상호작용(개방적 질문과 수렴적 질문, 정보 제공 및 수정, 토론 · 토의를 유도하는 질문 등)에 대해 미리 계획하여 운영한다.
- 알맞은 속도와 크기의 목소리, 분명한 발음, 상황에 따라 변화하는 어조를 통해 유아의 주의 집중이 유지될 수 있도록 한다.

② **동화 활동**

동화 활동은 유아들이 주의집중을 가장 잘하는 활동인 동시에 유아들에게 즐거운 놀이와 경험을 제공해 주는 활동이다. 동화 활동을 통해 유아들은 자신을 둘러싼 새로운 세계를 만나면서 상상력을 키우게 되고, 동화를 통해 상황과 문화 등을 간접 경험하면서 사회화를 이루며 그 과정에서 새로운 해결책과 자신감을 얻게 된다.

▣ 동화 활동 지도

- 동화의 특성에 맞춰서 다양한 매체(그림동화, 융판동화, 막대동화 등)를 활용한다.
- 동화를 들려주기 전에 미리 동화를 정독하고 등장인물에 적절한 목소리와 표정, 속도 등을 여러 번 연습하여 동화 내용을 효과적으로 전달한다.
- 동화를 들려줄 때는 유아들의 눈을 맞추며 반응을 살피고 유아의 감정을 공유하여 적절하게 대응한다.
- 동화 내용 중 재미있는 소리나 몸짓, 반복되는 구절이 나오면 유아들이 이야기에 참여할 수 있는 기회를 제공한다.
- 동화를 들은 후에는 교사는 내용을 말하지 않고 그림만 보여주어 유아가 동화의 내용을 회상해 보는 기회를 제공할 수도 있다.
- 동화 내용을 회상할 때는 동화의 등장인물과 사건을 중심으로 회상하고 유아의 느낌 표현을 지나치게 강조하거나 교훈 전달을 강요하지 않도록 한다.
- 동화 활동으로만 그치지 말고 다른 활동(동극, 미술, 언어 활동 등)과 연계하는 확장활동을 준비한다.

③ **음악 활동**

유아들은 음악 듣는 것을 즐기며 음악의 느낌을 몸의 움직임을 통해 자연스럽게 표현한다. 유아들은 음악 활동을 통해 미적 즐거움을 누리며 자기표현의 잠재력을 일깨우게 되고 음악을 매개로 창의적으로 표현하는 능력을 기르게 된다.

■ **새노래 부르기 활동 지도**

- 유아의 연령과 음악 발달을 고려하여 노래를 선정한다.
  - 음역대는 만 3세 유아는 '도–라' 정도, 만 4~5세 유아는 '도–도'도 가능
  - 노래 길이는 16마디 이하가 적절
- 분명한 리듬과 음악적 요소, 유아에게 적절한 노랫말, 반복적인 가락이나 노랫말이 있는 노래를 선정한다.
- 새노래를 일상(정리정돈 시간, 주의집중 시간 등)에서 자주 들려주어 익숙해지도록 한다.
- 교사는 활동 전에 새노래의 노랫말과 음을 정확하게 외우고 감정이 풍부하게 표현될 수 있도록 노래를 충분히 익혀야 한다.
- 새노래에 대한 동기유발을 위해 다양한 매체(실물, 그림, 동영상 등)를 활용한다.
- 노랫말을 알려줄 때는 가사판에 글자와 그림을 함께 제시하고 이야기 형식으로 들려준다.
- 노래를 들려줄 때는 정확하게 불러주되, 정확한 음을 알려 줄 수 있는 다양한 악기(교사의 목소리, 실로폰, 우쿨렐레, 반주가 화려하지 않은 음원 등)를 사용한다.
- 노래가 익숙해지면 다양한 방법(유아끼리 나눠서 부르기, 음악적 요소를 고려하여 부르기, 가사를 바꾸어 부르기, 노랫말에 맞는 율동을 만들어 부르기 등)으로 부를 수 있도록 하여 노래 부르기 활동에 대한 흥미를 지속시키도록 한다.

④ 미술 활동

미술 활동은 다양한 재료를 탐색하고 활용하여 자신의 느낌이나 생각들을 표현하며 나아가 자신과 타인의 작품을 감상해 보는 활동이다. 유아들은 미술 활동을 하면서 미적 요소에 대한 감각을 기르게 되며 창의적 표현력뿐 아니라 자료나 도구를 탐색·조작하고 미술적 경험을 나누는 과정에서 인지발달과 언어발달도 이루어지게 된다.

▣ 미술 활동 지도

- 유아의 연령과 미술표현 발달을 고려하여 활동을 선정한다.
- 미술 활동의 유형을 선정할 때는 평면 표현활동[그리기, 찍기(판화), 찢기, 오리기, 붙이기]과 입체 표현활동(빚기, 만들기)을 다양하게 경험할 수 있도록 한다.
- 미술 활동의 운영 방법은 개인별로 활동하는 개별 활동과 공동으로 작업하는 협동 활동으로 구별할 수 있으며, 협동 활동의 경우에는 협동의 방법 및 참여 정도를 달리하여 활동(개별작품 모아서 합하기, 협의하며 완성하기)을 진행할 수 있다.
- 미술 활동에 필요한 재료를 탐색할 수 있는 충분한 시간과 기회를 제공하고, 창의적 표현을 격려하기 위해 다양한 재료를 준비한다.
- 미술 활동은 충분한 시간을 제공하여 적극적으로 표현할 수 있도록 하고, 그 미술 활동을 즐겨한다면 미술영역에서 계속 경험할 수 있도록 자료를 제공한다.
- 미술 활동의 결과보다는 재료를 활용하여 다양하게 표현하는 과정에 중점을 두고 추상적 격려보다는 유아의 노력과 미적 요소에 대해 구체적인 칭찬과 격려를 한다.
  - 물감을 섞어 쓰니까 ㅇㅇ색이 나오는구나. 구불거리는 선이 있어서 더 멋지구나.
- 작품 전시를 위해 미술 작품의 특성을 살려 전시효과를 극대화시킬 수 있는 방법을 모색한다.
- 완성된 미술 작품은 유아들의 눈높이에 맞추어서 전시하되, 교실의 안팎의 다양한 공간(게시판, 창문, 문, 선반, 벽, 복도, 계단 등)을 활용하여 전시하도록 한다.

⑤ 게임 활동

게임은 2명 이상의 유아가 참여하여 달성해야 할 공동의 목표를 향해 즐거움을 느끼며, 일정한 규칙에 따라 참여자들이 서로 상반되거나 상호의존 또는 협력적인 역할을 수행하고, 일정한 기준에 따라 승패를 결정하는 또래와의 상호작용이 활발한 활동이다. 유아들은 게임 활동을 통해 자신의 신체를 조절하고 눈과 손의 협응력을 발달시키며 규칙을 이해하고 경쟁과 협력을 경험하면서 즐거움, 만족감, 성취감을 얻게 된다.

▣ 게임 활동 지도

- 유아의 연령과 발달 수준, 흥미와 관심을 고려하여 활동을 선정한다.
- 게임의 유형(원 게임, 자유대형 게임, 편 게임)이나 내용(목적물 맞추기 게임, 경주 게임, 숨기기 게임, 알아맞히기 게임, 쫓기 게임, 언어적 지시 게임, 카드 게임, 판 게임 등)에 따라 적절한 공간의 크기와 자료를 준비한다.
- 교사가 어느 위치에 어떻게 앉을 것인지 고려한다. 교사는 모든 유아들의 행동을 잘 관찰할 수 있으며 게임 방법 및 규칙에 대한 논의 시 필요한 자료들을 손쉽게 활용할 수 있는 위치를 고려하여 앉는다.
- 게임의 대형이 정리정돈되고 안정화된 상태에서 게임 자료와 방법에 대해 이야기 나눈다.
- 교사가 게임 활동에 대한 계획을 수립하지만 유아들과 의논하여 게임방법을 선정하거나 지켜야 할 약속 및 규칙을 찾아보는 등의 기회를 마련하여 유아 주도의 게임 활동이 될 수 있도록 한다.
- 게임을 실시하기 전에 출발선, 신호악기, 반환점에 목적물 등을 준비해 둔다.
- 게임 활동의 참여를 거부하는 유아에게는 처음부터 참여를 강요하지 않으며, 거부 원인을 알아내고 끈기를 가지고 계속 유아를 자극하고 격려하여 차츰 참여하도록 돕는다.
- 게임을 한 뒤에는 공정하고 정확한 관찰을 토대로 평가한다.
- 유아들이 게임의 승패나 경쟁심, 승부욕보다는 게임을 하는 과정과 게임의 규칙을 지켜 정당하게 게임에 참여할 수 있도록 한다.
- 게임을 하고 난 장소와 도구들을 유아들과 함께 정리정돈한다.

⑥ 요리 활동

요리 활동은 유아들이 음식을 만드는 과정에 직접 참여하는 활동이다. 요리 활동을 통해 유아들은 음식 재료와 도구를 탐색하고 음식을 만들고 준비하는 과정에서 분류, 측정, 서열화, 공간 및 시간 등의 수학 개념을 형성하게 되며, 음식 재료를 끓이고 굽고 삶는 과정에서 발생하는 물리적 · 화학적 변화를 통해 과학 개념이 발달하게 된다. 또한 요리하는 과정에서 서로 나누고 협동하는 경험을 통해 사회성 발달이 이루어지며 여러 나라 각 민족의 다양한 요리를 경험할 수 있기 때문에 다문화 교육의 효과도 있다.

▣ 요리 활동 지도

- 유아의 연령, 발달 수준, 요리의 과정, 실시 여건 등을 고려하여 활동을 선정한다.
  - 만 3세 : 음식의 재료를 탐색하거나 혼합하고 채워 넣기, 바르기 등 단순한 요리활동
  - 만 4세 : 3~4단계의 과정을 거쳐야 하는 요리활동
  - 만 5세 : 썰기, 볶기, 조리기 등의 조리과정이 포함된 보다 복잡한 절차의 요리활동
- 유아들이 직접 재료를 구입하고 요리하는 기회를 제공하여 식재료의 유통과정을 이해하도록 돕는다.
- 음식 재료는 청결하고 안전한 용기에 담아 준비하고 유아 인원을 고려하여 여유 있게 재료와 도구를 마련한다.
- 유아가 직접 참여할 수 있도록 하되, 유아의 참여 정도(요리 활동의 전 과정에 참여시킬 것인지 또는 일부 과정에만 참여시킬 것인지), 집단 크기(한 조당 참여시킬 인원)를 고려한다.
- 요리 순서표를 제작하여 유아가 요리에 필요한 준비물과 진행과정을 스스로 이해할 수 있도록 한다.
- 유아가 오감을 통해 재료를 탐색할 수 있는 충분한 시간과 즐겁게 참여할 수 있는 기회를 제공한다.
- 유아가 재료의 양을 파악할 수 있도록 컵, 숟가락, 저울 등의 측정도구를 제공한다.
- 유아들이 계획하고 스스로 생각해 낸 시도를 자유롭게 표출할 수 있도록 적절한 환경을 제공한다.
- 안전에 유의하고 위생과 청결 유지에 유의한다.

Chapter 12

현장실습의 문서 실무

학습주제

1. 관찰기록
2. 실습일지 작성

1. 관찰기록

1) 환경 관찰하기

실습생은 유아교육현장을 이해하고, 그에 적합한 교육·보육 활동을 운영하기 위해 실습기관의 물리적 환경을 잘 관찰하고, 좋은 교육환경을 구성할 수 있는 자질을 갖추기 위해 노력해야 한다. 이를 위해 교육환경을 관찰할 때 실습생이 유의해야 할 점은 다음과 같다.

- 교육환경 관찰은 실내·외 모든 공간에서 이루어질 수 있다.
- 관찰할 때는 교사나 영유아의 놀이나 활동을 방해하지 않도록 주의한다.

- 기록을 할 때는 교사나 영유아의 주의를 끌지 않도록 한다.
- 유아교육기관 평가지표를 숙지하고 이를 근거로 환경을 관찰한다.
- 교육환경에 대한 의문점은 일과가 끝난 후 교사나 원장에게 질문한다.
- 교육환경에 대해 개선할 사항이 있다고 판단되면 개선 방안도 함께 고려한다.

▣ 2025학년도 유치원 평가지표 중 교육환경 영역(경상남도교육청 유아교육원, 2025)

2-1. 놀이공간 구성

2-1-1. 다양한 놀이와 활동이 가능하도록 실내외 공간을 구성한다.

평가 기준 1) 실내외 공간은 유아의 호기심을 유발하고 유아 스스로 선택하는 자유로운 놀이가 다양하게 이루어지도록 창의적으로 구성한다.

평가 기준 2) 유아 놀이를 지원하기 위한 실내·외 공간은 놀이의 확장 및 이동이 편리하게 구성하며, 놀이와 균형 잡힌 휴식이 가능하도록 공간을 제공한다.

평가 기준 3) 유아의 상상력과 창의력을 발휘할 수 있는 개방적인 놀이자료(자연물, 실물자료 포함)를 다양하게 구비, 제공·관리한다.

2-2. 시설·설비의 적합성

2-2-1. 유아의 발달 수준에 적합한 실내외 시설 설비를 구성한다.

평가 기준 1) 실내외 시설·설비, 놀이기구 및 비품 등이 유아의 신체발달 및 특성에 적합하여 성인의 도움 없이 유아의 사용이 용이하다.

평가 기준 2) 유아의 다양한 놀이와 활동을 지원하는 공간을 적절히 설치한다.

평가 기준 3) 방과후 과정 운영을 위한 시설·설비를 구비하고 있다.

출처 : 경상남도교육청 유아교육원(2025).

▣ 2024 개정 어린이집 평가제 지표 중 보육환경 영역(교육부·한국보육진흥원, 2025)

2-1. 영유아의 놀이를 위한 공간 구성 및 운영

- 영유아의 놀이를 중심으로 공간을 구성 및 재구성한다.
- 영유아가 실내외에서 자연 및 계절, 날씨의 변화를 경험할 수 있도록 지원한다.

- 영유아가 휴식할 수 있는 공간이 있고, 편안하게 휴식할 수 있는 분위기가 조성되어 있다.
- 영유아의 놀이 혹은 활동에 대한 기록을 활용하여 실내외 공간을 구성한다.
- 장애영유아의 장애 유형과 특성, 발달 수준에 적절한 시설, 보조기구 등이 마련되어 있다.

2-2. 배움을 위한 자료 제공

- 영유아의 배움을 지원하는 풍부하고 매력적인 놀이 및 활동 자료를 제공한다.
- 영유아의 놀이 및 활동과 연계하여 자료를 제공한다.
- 영유아의 성, 신체적 특성, 장애, 종교, 가족 및 문화적 배경 등의 다름을 존중하는 놀이 및 활동 자료를 제공한다.
- 영유아가 놀이 및 활동 자료를 자유롭게 사용할 수 있도록 지원한다.

출처 : 교육부 · 한국보육진흥원(2025).

2) 교사의 실무 및 상호작용 관찰하기

현장실습은 실습생이 유아교사의 실무를 현장에서 직 · 간접적으로 관찰하며, 교사에게 요구되는 역량을 파악할 수 있는 기회가 된다. 다만, 실습기관의 유형과 정원 규모, 영유아 · 부모 · 지역사회의 요구, 제공되는 교육 · 보육과정 실제 등에 따라 요구되는 유아교사의 직무는 달라질 수 있다. 실습생이 관찰해야 하는 교사의 실무 내용은 다음과 같다(보건복지부 · 한국보육진흥원, 2020a).

- 등원지도 시 영유아들을 맞이하는 상호작용은 어떠한가?
- 등원지도 시 영유아 건강과 기분 상태에 대한 보호자와의 의사소통은 어떠한가?
- 영유아의 일상생활(간식, 점심, 낮잠 및 휴식 등) 지도 절차와 상호작용은 어떠한가?
- 교사의 일과 중 위생과 안전과 관련한 직무는 어떠한가?

- 교사의 가정 연계 및 보호자와의 소통을 위한 직무(알림장, 전화 등)는 어떠한가?
- 동료교사 및 기타 교직원과 협력하는 태도와 실천 행동은 어떠한가?

한편 유아교사의 실무 중 유아교사와 영유아의 상호작용은 교육의 질을 결정하는 중요한 요소이므로, 실습생은 영유아와 교사 간 상호작용의 모범 사례를 익힐 필요가 있다. 상호작용은 일상생활, 놀이지도, 교육활동, 문제행동 발생 때와 같은 다양한 상황에서 나타나므로 실습생은 교사와 영유아의 상호작용을 지속해서 관찰하되, 섣부른 판단이나 해석 대신 객관적으로 교사와 영유아의 상호작용을 관찰하도록 한다. 실습생이 관찰해야 하는 상호작용 내용은 다음과 같다(보건복지부 · 한국보육진흥원, 2020a).

- 영유아의 발달 수준이나 흥미에 적합하게 상호작용하는가?
- 영유아를 믿고 존중하며 영유아의 시도를 적극 수용하는가?
- 영유아의 일상 경험에 기초한 교육 · 보육 내용을 통합적으로 운영하는가?
- 영유아를 편견이나 차별 없이 평등하게 대하는가?
- 영유아의 요구와 질문에 경청하고, 긍정적으로 반응하는가?
- 영유아의 놀이에 교사가 적극 참여하고 놀이 전체를 수시로 파악하려 하고 있는가?
- 또래 간의 긍정적인 상호작용을 격려하는가?
- 영유아가 스스로 해결하도록 지도하는가?
- 영유아의 부정적 정서를 긍정적으로 수용하는가?
- 영유아 간의 다툼이나 문제 상황에 어떻게 개입하는가?

3) 영유아 놀이 관찰 및 기록하기

현장실습에서 실습생이 영유아의 발달상태, 놀이 특성 등을 관찰하는 것은 교육·보육과정 운영을 계획하고 평가함에 있어 매우 중요한 요소이다. 실습기간 중 영유아의 일상과 놀이를 관찰하여 기록하되, 일회성이 아닌 지속적으로 관찰하고 사실에 근거하여 객관적으로 기록하도록 한다. 이때 영유아 놀이 및 행동 특성, 놀이 및 행동 지도 전과 후의 영유아 변화 양상 등을 기록하고, 관찰 기록된 영유아의 놀이 및 행동 특성을 토대로 원인과 지도법에 대해 실습지도교사에게 점검을 받도록 한다. 다음은 실습생이 영유아의 놀이 과정을 관찰할 때 중점적으로 살펴보아야 할 내용이다(보건복지부·한국보육진흥원, 2020a).

- 영유아가 선호하는 놀이는 무엇인가?
- 놀이를 스스로 선택하고 놀이에 집중하는가?
- 놀이가 오래 진행되지 않고 중간에 흐지부지 끝나지 않는가?
- 새로운 생각, 의견이나 자신의 느낌을 놀이에서 적절히 표현하는가?
- 놀이하는 동안 놀이에 대한 아이디어를 내고, 다른 친구의 놀이에도 관심을 가지며 서로 의견을 주고받는가?
- 놀이에서 함께 정한 규칙 또는 기본적인 규칙을 지키는가?
- 도움이 필요할 때 교사와 또래에게 적절히 도움을 요청하는가?

▣ 관찰기록 작성 시 고려사항

- 일상생활, 놀이, 활동에서 영유아가 가장 잘하는 것, 놀이의 특성, 흥미와 관심, 친구관계, 놀이를 이어가기 위한 자료의 활용 등에 주목하여 놀이 관찰하기
- 관찰 기록은 정해진 서식이 없으므로 다양한 방식으로 기록하기
  - 메모지나 수첩, 사진 등에 유아명, 시간, 장소, 상황 등을 간단히 작성하여 활용 가능

- 기록을 통해 영유아의 흥미와 관심, 놀이 선호 등 유아의 특성과 변화 정도를 파악하기
- 영유아의 관찰 기록을 위해 과도한 노력을 기울여 자료를 수집하기보다는 유아의 놀이에 더 집중하고 지원하기

출처 : 중앙육아종합지원센터(2020b).

▣ 대표적인 영유아 관찰 방법 : 일화기록법

- 1명의 집중관찰 대상 영유아를 선정하여, 다양한 시간과 상황, 장소에서 관찰한다.
- 관찰내용은 실제 일어난 상황을 객관적으로 기록하되, 육하원칙에 따라 일관성 있게 작성한다. 이때 영유아의 개별적 흥미, 또래관계, 놀이행동 특성 등을 파악하여 누리과정 영역 또는 흥미영역 중심으로 분류하여 기록한다.
- 관찰내용 기록과 관찰된 행동에 대한 해석 또는 평가는 구분하여 작성한다.

※ 일과 중에는 중요 사항을 중심으로 약식 기록(핵심 단어 중심)을 하고 일과 종료 후 곧바로 약식 기록 내용에 기초해서 구체적으로 작성한다.

※ 관찰내용과 관련된 의문점은 일과가 끝난 후 교사에게 질문한다.

〈표 12-1〉 일화기록법을 활용한 관찰일지 작성의 예시

관찰 유아	김ㅇㅇ(만 3세)	성 별	남	관찰일	20ㅇㅇ년 ㅇ월 ㅇ일 ㅇ요일
관찰자	ㅇㅇㅇ	관찰시간	오전 9시 30분~9시 35분(5분)		
관찰 장면	보육실의 쌓기 영역에서 자동찻길 구성				
기 록	쌓기 영역에서 우레탄 블록을 수평으로 길게 놓은 후 "선생님! 찻길이에요."라고 말하고 큰 자동차를 굴린다. 그리고 "나는 소방차가 좋아!"라고 하며 벽돌무늬 종이블록을 가지고 울타리가 있는 공간을 구성한 후 그 안에 소방차를 넣어 둔다. 옆에 놀던 △△가 자동차를 가지고 온다. ㅇㅇ는 △△가 가지고 오는 자동차를 보며 "그거 좋다. 그거 이리 줘 봐."라고 말한다. △△가 "싫어, 니꺼 있잖아"라고 말하며 거부하자 강제로 뺏으려 한다. 교사가 다가와 ㅇㅇ에게 "ㅇㅇ야, △△가 가지고 있는 자동차가 필요하구나. 그런데 △△이가 필요해서 먼저 가지고 놀고 있었고, ㅇㅇ이가 필요하면 친구에게 빌려 달라고 말해보자. 그리					

	고 ㅇㅇ가 필요 없는 자동차는 다른 친구들도 가지고 놀 수 있도록 양보하면 어떨까?" 라고 말한다. ㅇㅇ는 교사를 바라보지 않고 "아니요, 난 이게 다 필요해요."라고 말하며 계속 자동차를 길 위에 굴린다. ㅇㅇ는 △△의 놀이를 바라보다가 가지고 놀던 자동차를 바닥에 두고 미술 영역으로 이동한다.
해석 및 평가	블록을 이용하여 자신이 생각하는 구조물을 구성할 수 있다. 놀이 중 필요한 놀잇감을 또래와 나누고 공유하는 데 어려워한다. 또래와의 갈등상황에서 자신의 생각을 긍정적으로 표현하는 것이 어렵다. 친구와의 여러 놀이 상황에서 놀잇감을 공유하는 것에 대해 꾸준한 지도가 필요하다.

출처 : 보건복지부 · 한국보육진흥원(2017).

2. 실습일지 작성

현장실습일지는 실습 과정의 내용을 상세히 기록한 문서로, 실습생의 현장실습 내용을 파악하고 현장실습기관의 실습지도가 충실히 이루어졌는지 확인 가능한 공식 문서이다. 일반적으로 현장실습일지에는 실습기관 현황, 실습 일정, 실습 내용, 영유아 관찰기록, 실습 평가 등이 포함된다.

1) 현장실습기관 현황

현장실습기관에서는 실습생에게 현장실습 사전교육 때 실습기관의 현황에 대한 자료를 미리 제공하게 된다. 실습기관의 현황 자료에는 실습기관의 설립이념, 소재지 주소 및 연락처, 원장의 성명, 연령별 반 수 및 영유아 수, 교직원 현황, 연간 및 월(주)간 교육 · 보육계획안 및 기타 프로그램 자료 등에 대한 일반적 정보와 실습반의 영유아 연령, 환경구성, 교사 대 영유아의 비율, 하루 일과 운영 자료 등이 있다. 실습생은 이러한 자료들을 토대로 실습기관과 실습반에 대한 정보를 사전에 인지하고 실습에 임하도록 한다.

〈표 12-2〉 보육실습기관 현황 예시

보육실습 기관현황

<table>
<tr><td>기관명</td><td colspan="4">○○○어린이집</td><td colspan="2">유 형</td><td colspan="2">민간</td><td colspan="2">운영체</td><td colspan="2">개인</td></tr>
<tr><td>주 소</td><td colspan="12">○○시 ○○구 ○○로 ○○길</td></tr>
<tr><td>전화번호</td><td colspan="6">○○○-○○○-○○○○</td><td colspan="2">원장명</td><td colspan="4">○○○</td></tr>
<tr><td>설립이념</td><td colspan="12">자연과 교감하며 지혜를 얻고 넓은 가슴으로 꿈을 향해 나가는 창의적인 어린이 양성</td></tr>
<tr><td>연 혁</td><td colspan="12">20○○년 ○월 ○학급 ○명 최초 인가
20○○년 ○월 평가인증 통과
20○○년 ○월 정원 증원(○명 → ○명)
20○○년 ○월 평가제 통과</td></tr>
<tr><td>기관 특성</td><td colspan="12">특수보육서비스(장애아 전문 · 통합, 방과후, 야간연장, 24시간, 휴일 등)
기타 사항 : 평가등급/평가주기 시작일 또는 인증유효기간 (□등급/20○○년 ○월 ○일)</td></tr>
<tr><td>연령별 반</td><td>0세</td><td>1세</td><td>2세</td><td>3세</td><td>4세</td><td>5세</td><td rowspan="3">기타 종사자 수</td><td rowspan="2">사무원</td><td rowspan="2">취사부</td><td rowspan="2">영양사</td><td rowspan="2">간호사</td><td rowspan="2">기타</td></tr>
<tr><td>원아 수</td><td></td><td>5</td><td>14</td><td>9</td><td colspan="2">20</td></tr>
<tr><td>교사 수</td><td></td><td>1</td><td>2</td><td>1</td><td colspan="2">1</td><td></td><td>2</td><td></td><td></td><td></td></tr>
</table>

보육실습 반 현황

반 명	○○반 (만 2세)	보육실습 지도교사명	○○○
영유아 수	총 7명(남아 4명/여아 3명)	보육교사 수	2명

2) 일일 실습일지 기록

실습일지는 실습생에게는 현장실습기간 동안 자신의 실습내용을 기록하고 자기평가와 반성적 사고를 하는 공간임과 동시에 실습지도교사 및 실습기관과의 의사소통의 장이라고 할 수 있다. 일일 실습일지는 실습 유형, 양성교육기관 및 현장실습기관에 따라 제공되는 작성 양식과 작성 방법이 매우 다양하다. 따라서 양성교육기관과 실습기관에서는 상호 협의를 통해 실습 유형에 가장 적합한 작성 양식과 방법을 결정하여 실습생에게 제공해야 한다. 또한 실습지도교사는 실습생과 실습일지 작성 방법에 대해 충분히 협의하여 안내하고 구체적으로 기록할 수 있도록 지도해야 하며, 실습생은 실습지도교사의 지도에 따라 실습일지를 성실하게 작성해야 한다.

(1) 날짜, 날씨, 결재

날씨의 특성 및 월초 · 월말, 주초 · 주말 등의 일정은 일과 운영과 직접적인 관련성이 있으므로 실습생은 정확한 기록을 통해 일과 운영과의 관련성을 파악하고 일과 운영 내용을 평가하는 데 참고하도록 한다. 결재 역시 사실과 다름없이 기록되었음을 증명하므로 실습생, 지도교사, 원장이 필히 날인(도장 또는 서명)하도록 한다. 다만, 학교현장실습에서는 원장의 날인은 생략하거나 원감이 원장의 날인을 대신하는 경우도 있다.

<table>
<tr><td colspan="2">○○반 실습일지</td><td rowspan="2">결 재</td><td>실습생</td><td>지도교사</td><td>원 장</td></tr>
<tr><td>날 짜</td><td>20○○년 ○월 ○일( ) 날씨 :</td><td></td><td></td><td></td></tr>
</table>

(2) 영유아의 흥미와 관심 · 교사의 기대

놀이에서 드러나는 영유아의 흥미와 관심 또는 교사의 기대를 기술한다. 2019 개정 누리과정과 2024 개정 표준보육과정에서 추구하는 인간상(건강한 사람, 자주적인 사람, 창의적인 사람, 감성이 풍부한 사람, 더불어 사는 사람)을 중심으로 이번 한 주 또는 오늘 하루 영유아가 어떻게 지냈으면 하는지를 작성하도록 한다.

교사의 기대	새싹이 움튼 나무에 관심을 가지고 있는 유아들이 자연과 더불어 즐겁게 생활할 수 있었으면 함

⬅ '더불어 사는 사람'과 연계하여 제시

(3) 하루 일과의 흐름

실습하는 학급의 하루 일과를 주요 내용을 중심으로 그 흐름을 간략하게 기록한다. 하루 일과 구성은 유아교육기관, 계절, 유아의 흥미에 따라 변경될 수 있다. 학교현장실습에서는 교육과정반 운영까지 기록하고, 보육실습에서는 종일반 운영까지의 일과 흐름을 작성한다. 하루 일과의 흐름을 작성하는 방식은 활용하는 실습일지 양식에 따라 달라진다. 〈표 12-3〉과 같이 하루 일과의 흐름을 일과 운영 내용에 포함하거나, 〈표 12-4〉와 같이 일과 흐름을 별도로 분리하여 작성할 수도 있다. 단, 하루 일과의 흐름은 일일실습일지를 작성할 경우에만 해당된다.

하루 일과의 흐름	시간	내용
	9:00~10:00	등원 및 자유놀이
	10:00~10:30	정리정돈 및 오전 간식
	10:30~12:00	오전 놀이
	12:00~13:20	점심 식사 및 자유놀이
	13:20~14:00	바깥놀이
	14:00~14:20	교육과정반 활동 평가
	14:20~	귀가지도 및 귀가

(4) 일과 운영에 따른 일상생활, 놀이, 활동 내용

실습기관의 하루 일과는 영아반은 일상생활과 놀이, 유아반은 일상생활, 놀이, 활동으로 구성된다. 실습생은 일상생활 지원을 위한 의미 있는 실행과 진행되고 있는 놀이상황, 계획된 놀이와 우연히 일어난 놀이상황을 기록한다. 이때 다음의 내용을 참고하여 구체적인 일과 운영 내용을 작성할 수 있다(보건복지부 · 한국보육진흥원, 2020a; 중앙육아종합지원센터, 2020b).

- 일상생활과 놀이 및 활동으로 구성된 일과를 기록한다.
- 영유아의 자연스러운 놀이상황을 관찰하고 이를 통해 실습지도교사 또는 실습생이 지원한 내용을 간략히 기록한다. 낮잠 후 자연스럽게 실시되는 놀이를 실내외 구분 없이 기록한다.
  - 흥미를 보인 놀이 및 활동 기록, 주요 놀이에 대한 평가 또는 다음 놀이를 위한 지원계획 등을 포함함
  - 놀이 중 작성한 메모나 유아의 놀이사진, 놀이 결과물 등 활용 가능함
- 모든 놀이와 활동에 대해 기록하지 않아도 되며 일과에서 중점적으로 진행된 내용을 기록할 수 있다.
- 매일 반복되는 일과의 내용은 간략히 기술한다.

(5) 놀이 평가 및 다음 날 지원 계획

실행된 놀이에 대한 간단한 평가와 다음 날 놀이지원 계획 및 놀이상황에 따른 유의할 점 등을 작성한다.

실행된 놀이에 대한 간단한 평가와 다음 날 놀이지원 계획의 예

놀이 평가 및 다음 날 지원 계획	• 유아들이 처음에는 마라카스 만들기에 관심을 보이지 않았으나 친구들이 만드는 것을 보고 호기심이 생겼고 여러 유아가 함께 만들게 되었다. 오후에도 원하는 유아들이 만들 수 있도록 재료를 준비해 주어야겠다. • 화단가에서 강낭콩 기르기 키트를 만들 때 유아들이 한쪽에 몰려서 개인 공간이 부족하였다. 유아 수 대비 공간 크기를 확인하여 지원해야겠다.

놀이와 연계된 교사의 지원 활동을 중심으로 기록한 예

놀이 평가 및 다음 날 지원 계획	► 놀이지원 계획 • 영아가 바다에 관심이 많아 이를 신체운동과 연결하여 바닷속을 탐험하는 '바다터널 통과하기' 놀이 준비 • 자료 : 어린이집에 있는 투명터널에 물고기와 물풀 그림을 붙이고, 끝 부분에 파란색 비닐술을 달아 영아가 신체를 조절하며 터널을 통과하는 놀이에 보다 흥미를 가질 수 있도록 지원 • 공간 : 투명터널 앞뒤로 여유 있는 공간을 확보해야 하므로 교실 앞 복도 공간을 활용 • 상호작용 ① 투명터널에 붙일 물고기와 물품 그림을 1~2일 전 영아와 함께 미리 탐색하여 관심을 가지고 친숙해질 수 있도록 지원 ② 투명터널을 함께 탐색하며 터널 안을 들여다보거나 신체의 일부를 넣어보는 등 영아가 원하는 정도까지 진행 • 안전 : 터널의 앞뒤를 교사 두 명이 잡고, 터널을 지나는 영아를 살핌

(6) 실습생 자기평가 및 지도교사의 조언

실습생은 매일의 실습 과정에서 관찰, 참여, 영유아 지도를 경험하면서 느낀 소감이나 의문 사항을 작성한다. 실습지도교사는 실습생이 작성한 자기평가 내용을 바탕으로 조언을 기록하게 되는데 실습생이 지니고 있는 유아교사로서의 강점과 잠재력, 이론적 내용을 적용하려는 시도, 실습에 대한 열의 등을 언급하게 된다. 실습생이 자기평가를 할 때 반성적으로 사고할 수 있도록 다음과 같은 내용을 중심으로 작성하도록 한다(보건복지부 · 한국보육진흥원, 2020a).

- 일과 중에 인상 깊었던 실습지도교사와 영유아 상호작용에 대한 내용
- 하루 일과 중 새롭게 발견한 영유아의 발달 특성에 대한 내용
- 반에서 실습생으로서의 역할과 자세에 대한 자기평가
- 놀이활동(단위수업, 연계수업, 종일수업) 시 예상했던 대로 되지 않았던 원인 분석 내용
- 실습지도교사가 지시한 업무 수행 시 배운 점
- 기타 일과 운영에 대해 궁금한 사항

〈표 12-3〉 일과 중심의 유아반 실습일지의 예시

<table>
<tr><td colspan="3" rowspan="1">○○반 실습일지</td><td rowspan="2">결재</td><td>실습생</td><td>지도교사</td><td>원장</td></tr>
<tr><td>날 짜</td><td colspan="2">20○○년 ○월 ○일( ) 날씨 :</td><td></td><td></td><td></td></tr>
<tr><td>교사의 기대</td><td colspan="6">새싹이 움튼 나무에 관심을 가지고 있는 유아들이 자연과 더불어 즐겁게 생활할 수 있었으면 함</td></tr>
<tr><td>일과(시간)</td><td colspan="4">계획 및 실행</td><td colspan="2">놀이평가 및 다음 날 지원계획</td></tr>
<tr><td>등원 및 통합보육 (~9:00)</td><td colspan="4">• 유아의 기분에 관심을 가지고 이름을 부르며 반갑게 맞이한다.
• 엄마와 헤어진 후 힘들어하는 ○○에게 따뜻하게 안아주며 마음을 안정시킬 수 있게 상호작용한다.</td><td colspan="2" rowspan="4">• 유아들이 처음에는 마라카스 만들기에 관심을 보이지 않았으나 친구들이 만드는 것을 보고 호기심이 생겼고 여러 유아가 함께 만들게 되었다. 오후에도 원하는 유아들이 만들 수 있도록 재료를 준비해 주어야겠다.</td></tr>
<tr><td>오전 간식 (9:00~9:30)</td><td colspan="4">• 유아들이 자율적으로 배식하여 먹을 수 있도록 간식을 준비한다.
• 9시 20분쯤 곧 간식을 정리할 예정임을 알려주고, 원하는 친구들이 간식을 챙겨 먹을 수 있도록 한다.
• 먹은 자리와 포크 및 접시를 잘 정리할 수 있도록 격려한다.</td></tr>
<tr><td rowspan="2">오전 실내놀이 (9:30~10:50)</td><td colspan="4">• 자유롭게 교실을 둘러보며 놀잇감과 놀이를 탐색할 수 있는 시간을 충분히 준다.</td></tr>
<tr><td colspan="4">• 씨앗 마라카스 만들기
– 자료 : 씨앗, 쟁반, 플라스틱 음료수 병, 꾸미기 재료
– 공간 : 전날 미술영역에 놀이자료를 준비해 놓음</td></tr>
</table>

	– 일과 : 마라카스를 꾸미는 데 시간이 많이 걸리는 몇 명의 유아들을 위해 오후까지 활동을 연장함 – 상호작용 : 씨앗의 모양, 색 등을 탐색하며 씨앗이 어떤 모습으로 자랄지 상상해 보고 이야기함. ㅇㅇ이와 △△이는 씨앗을 조금씩 넣으면서 중간중간 흔들어서 소리에 변화가 있는지 호기심을 가지고 탐색함	
활동 (10:50~11:10)	• 이야기 나누기 : 강낭콩 기르기 – 준비 : 친구들을 기다리는 동안 '씨씨씨를 뿌리고~' 손유희를 함 – 도입 : 잘 여문 강낭콩 깍지 사진을 보여주고 강낭콩이 어디서 열리는지를 상상해 보도록 하여 흥미를 유발함 – 전개 : 강낭콩 성장과정 그림자료를 한 장씩 무작위로 제시하며, 성장 순서를 맞혀 볼 수 있도록 함. 강낭콩 기르는 키트를 소개하고 바깥놀이 시간에 만들 수 있도록 안내함 – 마무리 : 바깥놀이를 가기 위해 이름을 부르는 친구부터 화장실에 다녀와서 줄을 설 것을 안내하고, 기다리는 친구들과는 수수께끼를 진행함	• 화단가에서 강낭콩 기르기 키트를 만들 때 유아들이 한쪽에 몰려서 개인 공간이 부족하였다. 사전에 유아 수 대비 공간 크기를 확인하여 지원해야 겠다.
바깥놀이(대체) (11:10~12:10)	• 물 · 모래놀이를 위한 교구를 미리 확인한다. • 화단가에서 유아들이 개별 강낭콩 기르기 키트를 만들어 볼 수 있도록 지원한다. • 실내로 들어와서 바로 손을 씻을 수 있도록 안내한다. • 대체활동 : 꼬리잡기	
점심식사 (12:10~13:20)	• 차례로 자율배식을 할 수 있도록 소그룹으로 나누어 줄을 설 수 있게 한다. • 입에 밥을 넣은 채로 말하지 않도록 지도한다. • 조용한 놀이를 하며 차례로 이를 닦는다.	
낮잠 및 휴식 (13:20~15:00)	• 낮잠을 잘 수 있는 분위기를 만들어 준다. 불을 끄고 커튼을 내린 후, 조용한 음악을 들려준다. • 잠을 자지 않는 유아들이 휴식을 취하며 들을 수 있는 음악이나 오디오 동화를 틀어준다. • 일어난 후, 화장실에 다녀오고, 교사와 함께 이불을 정리한다.	

<table>
<tr><td>오후 놀이 및
오후 간식
(15:00~16:00)</td><td>• 오전의 놀이를 이어서 한다. 원하는 유아의 경우에는 마라카스 만들기, 강낭콩 화분 키트 꾸미기 등을 지속할 수 있도록 지원한다.
• 손을 씻고 먹을 수 있는 양만큼 유아가 스스로 가져간다.
• 즐거운 분위기에서 간식을 먹을 수 있도록 한다.</td><td></td></tr>
<tr><td>귀가 및
통합보육
(16:00~)</td><td>• 귀가 준비를 하며 유아와 개별적으로 상호작용한다.
• 연장보육반으로 이동하여 연장반 선생님에게 유아를 인계한다.
• 연장보육반에서 자유롭게 놀이한다.</td><td></td></tr>
<tr><td>실습생 평가</td><td colspan="2">유아들이 씨앗에 관심이 많아서 씨앗을 이용한 마라카스 만들기를 좋아할 줄 알았는데 생각보다 참여가 적어서 처음에는 무척 당황스러웠습니다. 유아들의 관심과 흥미에 맞는 놀이를 제공하고 자연스러운 참여를 유도하는 것이 아직까지는 어려운 부분인 것 같습니다. 이야기 나누기할 때 강낭콩의 성장과정보다는 강낭콩 기르기 키트에 더 큰 호기심을 보여서 유아들과 강낭콩 성장과정에 대해 나누고 싶은 상호작용이 충분히 이루어지지 못했습니다. 다음에 활동을 준비할 때는 유아들의 흥미를 유발할 수 있는 시각적 자료가 더 있었다면 좋았을 것 같다는 생각을 해 보았습니다.</td></tr>
<tr><td>지도교사
조언 및 평가</td><td colspan="2">유아반은 놀이 지원이 중요합니다. 놀이에 참여하지 못하고 배회하는 시간이 긴 친구들에게는 준비한 마라카스 만들기를 제안해 보세요. 모델링을 보이면서 관심을 가지게 하는 것도 좋습니다. 씨앗 마라카스 만들기를 2~3일에 걸쳐서 제공하면 좋겠습니다. 첫날에는 별로 관심이 없지만, 또래가 놀이하는 모습을 보고 하루, 이틀 후에 참여하는 친구들이 종종 있습니다. 자신의 속도에 맞춰서 놀이할 수 있도록 지원해 주세요.
그리고 이야기 나누기 활동은 자칫 유아가 지루해하기 쉽습니다. 사진자료 등 매체자료를 잘 활용할 필요가 있습니다. 자료가 흥미로운지, 눈에 잘 띄는지 등을 확인해 주세요. 차례를 기다리는 동안 수수께끼를 준비한 것은 좋은 시도입니다.</td></tr>
</table>

출처 : 보건복지부 · 한국보육진흥원(2020a) 내용 일부 수정 · 보완.

〈표 12-4〉 일상생활, 놀이 중심의 영아반 실습일지의 예시

<table>
<tr><td colspan="3" rowspan="1">○○반 실습일지</td><td rowspan="2">결재</td><td>실습생</td><td>지도교사</td><td>원장</td></tr>
<tr><td>날짜</td><td colspan="2">20○○년 ○월 ○일( ) 날씨 :</td><td></td><td></td><td></td></tr>
<tr><td colspan="2">일과(시간)</td><td colspan="5">계획 및 실행</td></tr>
<tr><td rowspan="3">일상
생활</td><td>간식
(9:00~9:30)
(15:00~16:00)</td><td colspan="5">• 손씻기 및 간식 : 오전 간식(닭죽)/오후 간식(찐 옥수수, 우유)
– 손을 씻은 후 타월에 물기를 닦고 휴지통에 정리함
– 옥수수를 먹으면서 옥수수대에 생기는 길에 대해 교사가 얘기하자 영아들이 길을 많이 만들기 위해 더 열심히 먹으며, 옥수수대 탐색을 즐김</td></tr>
<tr><td>점심식사
(11:45~12:45)</td><td colspan="5">• 점심 : 쌀밥, 카레라이스, 닭강정, 배추김치, 계란국
– ‘골고루 먹어요’ 노래를 불러주며 반찬에 관심을 가질 수 있도록 도와줌
– 밥과 카레를 비비기를 싫어하는 ○○에게는 포크로 카레에 있는 고기와 야채를 찍어먹을 수 있도록 도와줌
• 이닦기 및 화장실 다녀오기
– 식사를 먼저 마친 영아들은 그림책 보기, 끼적이기 등 놀이를 하며, A선생님이 영아를 한 명씩 불러 세안과 양치 지원. 화장실 입구에 미리 양치컵, 칫솔, 치약을 꺼내어 영아가 스스로 자신의 물건을 찾아볼 수 있도록 도와줌
– 변기 물 내리기를 무서워하는 △△에게 미리 물 내려가는 소리를 흉내내 주고, 함께 물을 내려봄</td></tr>
<tr><td>낮잠 및 휴식
(12:45~15:30)</td><td colspan="5">• 내 이불, 내 베개를 찾아요
– 점심식사 마무리를 한 B 선생님이 영아의 개별 이불 매트를 준비. 매트의 이름표 부분에 베개를 놓음
– ‘○○이는 어디 있나?’ 노래를 부르며 영아가 자신의 이불과 베개를 찾아봄
– A 선생님은 블라인드를 내리고 자장가 음원을 준비함
– 잠들기 힘들어하는 △△가 그림책을 볼 수 있도록 지원함</td></tr>
<tr><td>놀이</td><td>실내놀이
(9:30~10:30)</td><td colspan="5">• 블록 쌓고 올라가기
– 블록을 높이 쌓고자 하는 친구들이 블록을 계단삼아 올라가 높이 쌓기를 시도함
– 안전상의 문제가 있어 블록에 올라서서 쌓지는 않도록 함께 이야기함
• 수영놀이
– ○○이가 물놀이를 위해 집에서 가지고 온 수영복 가방에서 수영복을 꺼내자 영아마다 수영복을 교실에 펼쳐놓기 시작함
– 친구들의 수영복을 함께 살피며 탐색하다, 수영복을 입고 싶어 해서 한 명씩 교사가 도와줌
– 수영복을 입자 교실 바닥에서 수영하는 흉내를 내며 뒹굴며 놀이함
– 교사가 ‘어푸 어푸’ 하며 수영동작을 흉내내자 영아들이 웃으며 모방함</td></tr>
</table>

	바깥놀이 (대체) (10:30~11:45)	• 실외놀이 : 물놀이 – 물놀이풀, 매트, 마른 걸레, 수건, 물놀이 놀잇감(소꿉그릇, 페트병 등) – 물이 차갑지 않도록 아침에 미리 물을 받아놓고, 풀 주변으로 미끄럼을 방지할 수 있는 매트를 깔아 놓음 – 영아들이 각자 원하는 정도로 물놀이를 즐길 수 있도록 지원. ○○이와 △△이는 물에 들어가지 않고 풀 밖에서 페트병에 물을 담고 따르는 놀이를 함
놀이 평가 및 다음 날 지원 계획		• 놀이지원 계획 – 영아가 바다에 관심이 많아 이를 신체운동과 연결하여 바닷속을 탐험하는 '바다터널 통과하기' 놀이 준비 – 자료 : 어린이집에 있는 투명터널에 물고기와 물풀 그림을 붙이고, 끝 부분에 파란색 비닐술을 달아 영아가 신체를 조절하며 터널을 통과하는 놀이에 보다 흥미를 가질 수 있도록 지원 – 공간 : 투명터널 앞뒤로 여유 있는 공간을 확보해야 하므로 교실 앞 복도 공간을 활용 – 상호작용 ① 투명터널에 붙일 물고기와 물품 그림을 1~2일 전 영아와 함께 미리 탐색하여 관심을 가지고 친숙해질 수 있도록 지원 ② 투명터널을 함께 탐색하며 터널 안을 들여다보거나 신체의 일부를 넣어보는 등 영아가 원하는 정도까지 진행 – 안전 : 터널의 앞뒤를 교사 두 명이 잡고, 터널을 지나는 영아를 살핌
실습생 평가		영아들이 휴가를 다녀온 후 바다, 물에 대한 관심이 많아져서 이번 한 주 동안의 물놀이가 무척 재미있을 듯합니다. 어제는 물을 놀잇감에 담아 따르거나 뿌려보는 등 물을 탐색하고 조작하는 놀이를 주로 하더니 오늘은 교실에서 수영하는 흉내를 내어서인지 물 속에서 발을 구르거나 배를 깔고 누워보는 등 수영을 시도하는 영아들이 있었습니다. 풀이 좁아서 마음대로 움직일 수 없고 다른 친구도 불편해하여 제한되는 것이 아쉬웠습니다.
지도교사 조언 및 평가		영아의 흥미는 특별한 관심이 될 수도 있고, 기쁜 감정의 표현이라고 볼 수도 있습니다. 여름휴가와 물놀이 경험으로 요즘 우리반 아이들의 흥미는 바다와 물놀이가 지배적이네요. 흥미가 지속될 수 있도록 물고기를 관찰하고, 바다를 떠올릴 수 있는 신체놀이를 계획한 것이 적절해 보입니다. 무엇보다 아이들이 안전하게 놀이할 수 있도록 놀이진행 과정을 꼼꼼히 챙겨보세요.

출처 : 보건복지부 · 한국보육진흥원(2020a) 내용 일부 수정 · 보완.

〈표 12-5〉 보육실습일지의 예

<table>
<tr><td colspan="3" rowspan="2">보 육 실 습 일 지</td><td>실습생</td><td>지도교사</td><td>원 장</td></tr>
<tr><td></td><td></td><td></td></tr>
<tr><td>날 짜</td><td colspan="5">20○○년 월 일 요일 날씨 :</td></tr>
<tr><td>하루 일과</td><td>9:00~10:00
10:00~10:30
10:30~11:50
11:50~13:30
13:30~15:00
15:00~15:30
15:30~18:00</td><td colspan="4">등원 및 자유놀이
몸짓놀이 및 오전 간식
자유놀이(바깥놀이)
점심 식사 및 자유놀이
낮잠 및 휴식(낮잠을 자지 않은 경우 다른 일과로 대체)
오후 간식
자유놀이(바깥놀이)</td></tr>
<tr><td>놀이 관찰</td><td>자유놀이
바깥놀이
일과 중 놀이</td><td colspan="4">※ 영유아의 놀이를 관찰하고 기록</td></tr>
<tr><td>놀이 지원</td><td>바깥놀이터에서
산책에서
교실에서</td><td colspan="4">※ 교사(실습생 포함)의 놀이 지원 내용 기록</td></tr>
<tr><td>하루 되돌아보기</td><td colspan="5"></td></tr>
</table>

〈표 12-6〉 학교현장실습일지의 예

<table>
<tr><td colspan="6">○○반 놀이 이야기</td></tr>
<tr><td>생활주제</td><td></td><td>날 짜</td><td>20○○년 월 일 요일</td><td>수업일수</td><td>/182일</td></tr>
<tr><td>목 표</td><td colspan="5"></td></tr>
<tr><td>인성교육</td><td colspan="5"></td></tr>
<tr><td>안전교육</td><td colspan="5"></td></tr>
<tr><td>미리
그려 보는
하루 일과</td><td colspan="5">※ 하루 일과의 주요 흐름을 간략히 기록함</td></tr>
<tr><td colspan="5">오늘의 놀이기록</td><td>놀이 더하기</td></tr>
<tr><td colspan="5">※ 유아의 놀이, 활동 등을 관찰하고 기록</td><td>※ 놀이지원 내용 기록</td></tr>
<tr><td>총 평</td><td colspan="5">※ 유아의 놀이, 활동 등의 관찰을 통해 배운 점 등을 기록</td></tr>
<tr><td>지도교사
의견</td><td colspan="5"></td></tr>
</table>

Chapter 13

현장실습의 평가

학습주제

1. 현장실습기관에서의 평가
2. 양성교육기관에서의 평가

1. 현장실습기관에서의 평가

현장실습을 성공적으로 운영하려면 평가의 과정을 세밀하게 준비해야 한다. 평가는 실습생들이 양성교육기관에서 이미 습득한 지식, 기술, 태도를 유아교육 현장에 얼마나 적용할 수 있는지를 객관적으로 파악하기 위한 활동이다. 이러한 평가는 실습생들에게 유아교사에 대한 기본 자질과 역할을 미리 확인하는 기회를 제공함과 동시에, 영유아 교육 · 보육의 역량을 증진할 수 있게 해준다(보건복지부 · 한국보육진흥원, 2017).

일반적으로 실습생에 대한 평가는 실습지도교사와 해당기관의 장이 부여한다. 실습을 시작할 때부터 마칠 때까지 실습생이 수행한 실습일지 작성, 놀이 연계 활동 계획 및 실행, 관찰기록 작성 등의 다양한 자료를 최대한 활용하여 신뢰성과 타당성이 있는 평가를 해야 한다. 이때 실습지도교사는 평가 영역과 내용에 따른 배점표를 토대로 공정성과 형평성, 객관성을 유지하면서 현장실습 평가를 엄정하게 진행하게 된다.

〈표 13-1〉 학교현장실습 평가 영역 및 배점

평가영역	평가 항목	배 점	점 수
근무태도	출석, 결석, 지각, 조퇴 등 실습과정에서의 근면성	10	
자 질	직무에 대한 책임감과 열의 용모, 언행 및 교양 교육에 대한 신념	15	
학습지도 능력	놀이에 대한 이해도 놀이지원 준비 및 계획 능력 놀이지원을 위한 활동 실행 능력 유아 및 교육과정 평가 능력	50	
연구조사 활동	연구적 태도 교육이론 적용 능력	15	
학급경영 및 사무처리 능력	학급 환경의 관리와 태도 유아 관리 및 지도력	10	
총 평		100	

출처 : 교육부(2021a).

〈표 13-2〉 보육실습 평가 영역 및 배점

평가영역	평가 항목		배 점	점 수
근무태도와 자질 (20점)	근무사항	출석, 결석, 지각, 조퇴 등	5	
	태도	성실성, 근면성, 친절, 적극성, 복장 및 용모, 예절	5	
	자질	영유아 존중, 책임감, 인성, 열의	5	
	관계형성	실습지도교사와의 관계 동료실습생과의 관계	5	
보육활동 계획과 실행 (30점)	보육활동 계획	영역별, 반일(일일)보육활동 계획의 적합성과 충실한 준비	15	
	보육활동 실행	영역별, 반일(일일)보육활동의 효과적이고 적절한 실행 정도	15	
예비 보육 교사로서 역할수행(30점)	영유아 행동 및 놀이 관찰, 보육환경 관찰		5	
	보육일과 진행 보조와 일상생활지도		10	
	영유아 상호작용과 놀이 참여		15	
보육실습일지 작성(10점)	구체적이고 충실한 보육실습일지 작성과 일일 자기 평가 및 지도교사 평가 반영		10	
	실습기간 동안 예비 보육교사로서 향상 정도		10	
총 점			100	

출처 : 보건복지부(2021).

▣ 실습기관의 현장실습 평가회

- 현장실습이 모두 종결된 후, 실습지도교사 및 교직원과 실습생이 함께 참여하여 실습에 대한 평가회를 가진다.
- 실습생 관점에서 평가회는 현장실습에 대한 반성적 사고(교사로서의 역할 수행 경험, 교사로서의 장단점 파악)의 기회를 제공하고 향후 유아교사로서의 진로에 확신을 가질 수 있도록 도와준다.
- 실습지도교사 관점에서 평가회는 실습생과의 인간관계와 직무관계를 토대로 향후 유아교사로 성장해 나가는 데 필요한 조언과 제안을 해주는 기회가 된다.

2. 양성교육기관에서의 평가

1) 담당교수의 현장실습기관 방문

현장실습에서는 실습기관 선정에서부터 실습이 최종 종료될 때까지 양성교육기관과 현장실습기관 간의 긴밀한 협력이 매우 중요하다. 담당교수는 학생과의 협의하에 실습기관을 선정한 때부터 문서나 전화를 통해 실습기관과 교류를 시작하고, 학생이 실습하는 동안 실습기관을 방문하여 현장실습을 지도한다. 담당교수는 실습기관의 원장이나 실습지도교사에게 양성교육기관의 운영 특성, 실습생의 성격과 배경, 현장실습 준비 상태 등을 알려주고, 원장과 실습지도교사는 실습생의 현장실습 상황을 교수에게 전달한다(보건복지부 · 한국보육진흥원, 2020a). 담당교수의 현장실습기관 방문을 통한 점검은 현장실습 평가 및 사후관리에서 매우 중요한 정보교류의 방안이므로 적극 권장하며 상황에 따라 전화방문으로 대체할 수 있다.

▣ 현장실습기관 방문 시 점검하는 주요 내용

- 실습생의 현장실습 진행 여부, 현장실습 실태와 현황을 세밀히 관찰한다.
- 실습생으로서 역할을 경험하는 학생에게 심리적 · 정서적 지원을 해 준다.
- 현장실습기관의 원장, 실습지도교사와 학생의 현장실습 수행에 관해 협의한다.
- 원장과 실습지도교사가 느끼는 현장실습 지도상의 어려움을 경청한다.
- 학생이 실습생으로서 겪는 실습 시의 어려운 점을 경험한다.

출처 : 보건복지부 · 한국보육진흥원(2020a).

2) 현장실습 평가회

유아교사 양성교육기관에서는 현장실습 종료 후 실습평가회를 개최한다. 평가회는 실습생 또는 재학생 모두가 한자리에 모여 실습기관의 환경과 시설 특성, 교육·보육 프로그램 운영의 특성, 현장실습 진행 과정, 일지 작성 및 활동 실행, 실습 전·후의 변화, 교사와의 관계 등을 중점적으로 논의한다. 이때 실습기관의 원장이나 실습지도교사를 초청하여 실습기관 측면에서 바라본 실습평가 내용을 듣는 기회를 마련하는 것도 바람직하다. 실습평가회를 진행할 때 주의할 점은 다음과 같다(보건복지부·한국보육진흥원, 2020a).

- 현장실습기관이나 실습지도교사의 잘못된 점보다는 현장에서 이론을 접목한 점, 지도교사의 적절한 조언이나 평가, 현장에서 배울 점 등에 대해 열린 자세를 가지고 실습생으로서의 자신을 평가한다.
- 유아교사로서의 전문성 확보를 위해 어떤 개선 노력을 지속해야 하는지에 대한 다각적인 해결 방안에 중점을 두고 다른 학생과 열린 마음으로 의견을 나눈다.
- 4주 또는 6주 동안 진행된 현장실습의 내용에 중점을 두어 스스로 자신의 자질을 평가하고 예비유아교사로서 성장할 수 있는 장점과 강점을 평가해 본다.
- 영유아를 상세히 관찰하고 직접 실행한 교육·보육 활동의 경험을 바탕으로 자신의 지도방법에 대해 평가하고 다른 학생들과 비교해 본다.
- 동료학생들의 실습일지를 서로 나누어 읽고 서로에게 조언을 해주는 상호보완적 평가의 시간을 가진다.

3) 현장실습 결과 평가

현장실습 결과를 평가하기 위해 양성교육기관에서는 현장실습 평가표와 현장실습 결과보고서, 현장실습일지, 원장 또는 실습지도교사와의 면담자료 등 다양한 평가도구나 준거를 활용하여 실습생의 현장실습 결과를 종합하여 최종적으로 평가한다. 구체적인 평가 근거자료는 다음과 같다(보건복지부 · 한국보육진흥원, 2020a).

- 현장실습기관에서 송부된 실습평가서(교육실습결과보고서, 보육실습평가서)
- 작성이 완료된 실습일지
- 실습생이 제출한 각종 자료(포트폴리오, 사진자료, 계획안 등)
- 실습생의 자기평가표
- 담당교수와의 면담
- 실습평가회 참여 정도

▣ 보육실습 교과목의 점수 부여(2021. 12. 31. 시행, 보건복지부령 제851호)

보육실습의 평가는 보건복지부장관이 정하는 보육실습일지와 보육실습평가서에 근거하여 하되, 평가점수가 80점 이상인 경우에만 보육실습을 이수한 것으로 인정한다.

〈표 13-3〉 현장실습 후 자기평가 예시

번호	평가 항목	못함 1	2	3	4	잘함 5
1	교육목표를 달성할 수 있는 교육내용을 영유아의 흥미, 수준에 근거하여 적합하게 선정하였는가?					
2	영유아의 흥미와 능력, 사전경험을 잘 관찰하여 영유아 지도계획에 활용하였는가?					
3	활동계획안이 적절하게 계획되고 성실하게 준비되어 실행에 무리가 없었는가?					
4	활동계획에 따라 자료를 충실히 준비하였는가?					
5	영유아의 행동을 민감하게 파악하며 상호작용에 최선을 다했는가?					
6	다양한 놀이영역에 고루 참여하여 영유아의 놀이가 지속되고, 확장되도록 놀이를 촉진하였는가?					
7	영유아의 기본생활습관이 형성되도록 동기를 잘 유발하였는가?					
8	대소집단 활동 시 다양한 교수법을 활용하여 효과적으로 활동을 이끌었는가?					
9	영유아의 부정적 정서나 갈등적 상황을 잘 파악하여 긍정적으로 수용하고 적절하게 해결되도록 지도하였는가?					
10	영유아의 개별적 특성, 개인차를 고려하여 지도하였는가?					
11	영유아를 존중하는 언어를 사용하고, 영유아가 잘 알아들을 수 있도록 어휘, 발음, 음성의 고저, 빠르기 등에 노력을 기울였는가?					
12	실습일지의 내용과 평가 등을 성실히 기록하였는가?					

13	실습참관 및 영유아관찰 기록을 정확히 기입하는 데 신중을 기했는가?					
14	평가결과를 잘 활용하여 다음 활동을 계획하고 실행하는 데 도움을 줄 수 있었는가?					
15	교실의 통풍, 채광, 정리정돈 등 청결한 환경을 위해 노력하였는가?					
16	실습기관의 지도 방침에 적극 협력하였는가?					
17	실습지도교사와의 관계를 원만히 유지하며 성실히 임했는가?					
18	실습동료들과 잘 협력하였는가?					
19	영유아의 수준과 흥미에 적합한 활동을 계획하고 다양한 행동을 적절히 지도하고자 관련 문헌이나 전문 서적을 찾아보고자 노력하였는가?					
20	실습기간을 통해 유아교사로서의 전문성이 스스로 향상되었다고 여겨지는가?					
합 계						

부 록

현장실습 관련 서식 예시

1. 학교현장실습 서류
2. 보육실습 서류

1. 학교현장실습 서류

〈부록 1-1〉 교육실습 병설(협력)학교 지정증명서 예시

교육실습 병설(협력)학교 지정증명서

병설(협력)학교			실습학생			
학교명	학급수	소재지	대학명	학과명	실습교과	실습예정 인 원

위와 같이 본교가 교육실습 병설(협력)학교로 지정되었음을 증명함.

년 월 일

유 치 원 장 직인

〈부록 1-2〉 교육실습생 신상카드 예시

교육실습생 신상카드

<table>
<tr><td>성 명</td><td colspan="3"></td><td rowspan="4">(사 진)</td></tr>
<tr><td>생년월일</td><td colspan="3">년 월 일 (만 세)</td></tr>
<tr><td>소 속</td><td colspan="3">대학교 학과</td></tr>
<tr><td>주 소</td><td colspan="3"></td></tr>
<tr><td>연락처</td><td>휴대폰</td><td></td><td>비상시 연락처
(관계 :)</td><td></td></tr>
<tr><td rowspan="8">주요 활동
(※ 학과 및 대학 내 활동, 교육봉사, 사회봉사, 보육실습, 장학금 등)</td><td colspan="2">기 간</td><td colspan="2">활동내용</td></tr>
<tr><td colspan="2">20○○. ○. ~ 20○○. ○.</td><td colspan="2"></td></tr>
<tr><td colspan="2"></td><td colspan="2"></td></tr>
<tr><td colspan="2"></td><td colspan="2"></td></tr>
<tr><td colspan="2"></td><td colspan="2"></td></tr>
<tr><td colspan="2"></td><td colspan="2"></td></tr>
<tr><td colspan="2"></td><td colspan="2"></td></tr>
<tr><td colspan="2"></td><td colspan="2"></td></tr>
<tr><td rowspan="4">자격증
및 수료증</td><td colspan="2">자격증(수료증)명</td><td>취득일</td><td>발급처</td></tr>
<tr><td colspan="2"></td><td></td><td></td></tr>
<tr><td colspan="2"></td><td></td><td></td></tr>
<tr><td colspan="2"></td><td></td><td></td></tr>
<tr><td colspan="5">위의 사항이 틀림없음을 확인합니다.

년 월 일

본인 서명 (서명)

유치원 원장 귀하</td></tr>
</table>

〈부록 1-3〉 교육실습생 자기소개서 예시

<table>
<tr><th colspan="2">자기소개서</th></tr>
<tr><td>실습에
임하는 소감
및 마음가짐</td><td>※ 열심히 하겠다는 내용을 작성하되 솔직하게 적고 불필요한 내용은 적지 않도록 하고, 인터넷의 자기소개서 내용을 복사해서 작성하지 않기</td></tr>
<tr><td>성격
및
장단점</td><td>※ 장점과 단점을 작성하되 단점은 어떻게 개선해 나갈지, 이를 위한 현재의 노력 등을 적기</td></tr>
<tr><td>전공 및
기술 능력</td><td>※ 현재 공부하고 있는 전공과 관련 특기, 기술 등을 적기</td></tr>
<tr><td>주요 경력
및
자격 사항</td><td>※ 현장참관, 견학, 기타 유아를 대상으로 한 경험을 작성하고 자격증 소지자의 경우 관련 내용 적기</td></tr>
</table>

〈부록 1-4〉 교육실습 결과보고서 예시

교 육 실 습 결 과 보 고 서

1. 실습학교명 :

2. 실습기간 : 년 월 일 ~ 년 월 일 (주간)

3. 지도교사

직 명	성 명	담당 내용	비 고

4. 실습내용

제1주	제2주	제3주	제4주

5. 실습상황

학교명 및 학과명	실습생 성명	근무태도 (10%)	자질 (15%)	학습지도 능력 (50%)	연구조사 활동 (15%)	학급경영 및 사무처리능력 (10%)	총평 (100%)	비고

위 사실을 증명함.

년 월 일

유 치 원 장 직인

〈부록 1-5〉 교육실습생 출근부 예시

교육실습생 출근부

소 속	대학교 학과	실습생	
실습기관	유치원 만 세 반	지도교사	(서명)
실습기간	년 월 일 ~ 년 월 일 (총 4주간)		

* 출(출근), 결(결근), 지(지각), 조(조퇴)로 표시해 주세요.

구 분	월	화	수	목	금
날 짜	월 일	월 일	월 일	월 일	월 일
출결확인					
날 짜	월 일	월 일	월 일	월 일	월 일
출결확인					
날 짜	월 일	월 일	월 일	월 일	월 일
출결확인					
날 짜	월 일	월 일	월 일	월 일	월 일
출결확인					

총실습일수	20일	결근	일	지각	일	조퇴	일

2. 보육실습 서류

〈부록 2-1〉 보육실습 신청서 예시

보육실습 신청서

학 생 정 보			
성 명		학과/학번	
보육실습 기간	년 월 일 ~ 년 월 일 (6주 240시간)		
집주소			
핸드폰		집/비상연락처	집 : 비상연락처 :
e-mail 주소			

희망 보육실습기관 정보	
보육관련 이수 교과목 (이수교과목을 모두 적으세요)	총 ( )개 과목 이수
실습희망지역	
보육실습 희망 기관 유형	① 국공립어린이집 ( ) ② 사회복지법인어린이집 ( ) ③ 법인 · 단체등어린이집 ( ) ④ 직장어린이집 ( ) ⑤ 가정어린이집 ( ) ⑥ 협동어린이집 ( ) ⑦ 민간어린이집 ( ) ⑧ 방과후과정 운영 유치원 ( )
기타 희망사항	

〈부록 2-2〉 보육실습 동의서 예시

보육실습 동의서

학 생 정 보					
성 명		학 과		학 번	
보육실습 기간	년 월 일 ~ 년 월 일 (6주, 240시간 이상)				
주 소	(우편번호)				
개인연락처		이메일			

보 육 실 습 기 관 정 보			
보육실습 기관명	(정원 : 명)	원 장	
기관주소	(우편번호)		
전화번호		팩 스	
보육실습 지도교사		보육교사 1급( ) 유치원 정교사 1급 ( ) ※ 해당 자격에 'O'표 하세요.	

위 학생이 본 기관에서 보육실습하는 것에 동의합니다.

년 월 일

보육실습기관 원장 : (서명 또는 인)

〈부록 2-3〉 보육실습생 신상카드 예시

보육실습생 신상카드

<table>
<tr><td>성 명</td><td colspan="2">(여, 남)</td><td rowspan="6">(사 진)</td></tr>
<tr><td>생년월일</td><td colspan="2"></td></tr>
<tr><td>소속대학</td><td colspan="2"></td></tr>
<tr><td>주 소</td><td colspan="2"></td></tr>
<tr><td rowspan="2">연락처</td><td>본인 휴대폰</td><td></td></tr>
<tr><td>비상 연락처</td><td>(관계 :)</td></tr>
<tr><td rowspan="3">학 력</td><td>. . ~ . .</td><td colspan="2"></td></tr>
<tr><td>. . ~ . .</td><td colspan="2"></td></tr>
<tr><td>. . ~ . .</td><td colspan="2"></td></tr>
<tr><td>보육관련
이수 교과목</td><td colspan="3"></td></tr>
<tr><td>보육관련 경험
(예 : 캠프교사, 교회 내 유치부활동 등)</td><td colspan="3"></td></tr>
<tr><td colspan="4">위의 사항이 틀림없음을 확인합니다.
년 월 일
본인 서명 (인)
원장 귀하</td></tr>
<tr><td colspan="4">개인정보 수집 · 이용 동의</td></tr>
<tr><td colspan="4">보육실습생 관리를 위하여 '개인정보보호법'에 따라 개인정보 수집 · 이용에 대한 내용을 알려드리오니 동의하여 주시기 바랍니다.
[법률근거] 개인정보보호법 제15조 '개인정보의 수집 · 이용'에 관한 법률
[수집 · 이용 항목] 이름, 주민등록번호, 연락처(전화번호, 휴대폰번호), 이메일, 주소
[수집 · 이용 목적] 보육실습생 관리를 위한 목적으로 이용되며, 수집한 개인정보는 다른 목적으로 사용되지 않습니다.
[이용 및 보유기간] 보육실습이 종료되는 시점에 수집한 개인정보는 폐기됩니다.
[동의거부 및 불이익] 위의 개인정보 수집·이용에 관한 내용에 동의하지 않는 경우에는 보육실습이 불가합니다.
☐ 동의함 ☐ 동의하지 않음
실습생 : (인)</td></tr>
</table>

〈부록 2-4〉 보육실습 서약서 예시

보육실습 서약서

대학 학과(학부) 학년
(보육교사교육원)

상기 본인은 귀 어린이집의 보육실습생으로서 보육실습의 목적과
중요성을 충분히 이해하고 어린이집의 제반 규정을 성실히
준수하여 보육능력 향상에 최선을 다할 것을 서약합니다.

년 월 일

보육실습생 : (인)

○○○ 어린이집 원장 귀하

〈부록 2-5〉 보육실습 확인서

보 육 실 습 확 인 서

1. 실습 이수자 기본사항

이 름	생년월일	양성교육기관명

2. 실습기관

<table>
<tr><td colspan="2">실습기관명</td><td></td><td colspan="2">기관종류</td><td></td></tr>
<tr><td colspan="2">실습기관 인가 정원</td><td></td><td colspan="2">최초인가일</td><td>년 월 일</td></tr>
<tr><td rowspan="2">구분</td><td>평가제</td><td></td><td colspan="2">평가 등급
(평가 주기 시작일)</td><td>년 월 일</td></tr>
<tr><td>평가인증제</td><td></td><td colspan="2">인증유효기간</td><td>년 월 일 ~
년 월 일</td></tr>
<tr><td colspan="2">주 소</td><td colspan="2"></td><td>연락처</td><td></td></tr>
</table>

* 어린이집은 운영형태(가정, 민간, 직장, 국공립 등) 기재, 유치원은 방과후과정 운영 여부 기재

3. 실습지도교사

이 름	자격 종류	자격번호

* 실습지도교사는 동일 실습기간 내, 보육실습생을 3명 이내로 지도하였습니까? (예 □/ 아니요 □)

4. 실습기간

실습기간	년 월 일 ~ 년 월 일(주간)
실습시간	총 시간(매주 월요일 ~ 금요일까지, 오전 시 ~ 오후 시)

위 사람은 영유아보육법시행규칙 제12조제1항에 따른 보육실습 기준을 준수하여 보육실습을 충실히 이수하였음을 확인합니다.

년 월 일

어린이집의 원장 (서명 또는 인)

학과장 (서명 또는 인)

○ '13. 3. 1. 이후 어린이집에서 보육실습을 이수하는 경우, 「어린이집지원시스템」을 통하여 보육실습 내용 등록 및 제출

○ 보육실습 내용 시스템 미등록자는 첨부서류(① 실습기관 인가증 사본 ② 보육실습 지도교사 자격증 사본) 제출 필수

※ 영유아보육법 제48조에 따라 거짓이나 그 밖의 부정한 방법으로 자격증을 취득한 경우, 보육교직원 자격이 취소될 수 있습니다.

〈부록 2-6〉 (실습기관 발행) 실습지도교사 1인당 3인 이내의 보육실습생 지도 확인서류 예시

○○○ 어린이집/ 유치원

수 신 ○○대학(교) 총장 또는 ○○대학(교) ○○과 학과장
/○○보육교사교육원장
경 유
제 목 실습지도교사 1인당 3명 이내의 보육실습생 지도 확인서류

본 어린이집(유치원)에서는 아래의 보육실습 기간 동안 1인의 실습지도교사가 3명 이내의 실습생을 지도하였음을 확인합니다.

1. 보육실습 기간 : 0000.00.00 ~ 0000.00.00
2. 실습지도교사 및 실습생

실습지도교사	실습생	학교 및 학과
○○○	○○○	○○○대학(교) ○○○학과
	○○○	○○○대학(교) ○○○학과
	○○○	○○○대학(교) ○○○학과

붙임 1. (증빙서류가 있는 경우 제출)

○○ 어린이집 원장/유치원장 직인

기안자직위 ○○○ 검토자직위 ○○○ 결재권자직위 ○○○
협조자

시행 처리과명-연도별 일련번호 (시행일) 접수 처리과명-연도별 일련번호 (시행일)
우 도로명 주소 / 홈페이지 주소
전화번호( ) 팩스번호( ) / 전자우편주소

※ 「어린이집지원시스템」을 통해 보육실습 내용 등록을 하지 않았거나 교육과정과 방과후 과정을 운영하는 「유치원」에서 실습한 경우에는 실습기관에서 발행하는 「실습지도교사 1인당 3인 이내의 보육실습생 지도 확인」 공문을 필히 제출함

〈부록 2-7〉 보육실습 평가서

보 육 실 습 평 가 서

성　　　명 :
생 년 월 일 :
보육실습기관명 :
보육실습 기간 : 　　년　　월　　일 ~　　년　　월　　일

<table>
<tr><th>평가영역(배점)</th><th colspan="2">평가항목</th><th>배점</th><th>점수</th></tr>
<tr><td rowspan="4">근무태도와 자질
(20점)</td><td>근무사항</td><td>출석, 결석, 지각, 조퇴 등</td><td>5</td><td></td></tr>
<tr><td>태도</td><td>성실성, 근면성, 친절, 적극성, 복장 및 용모, 예절</td><td>5</td><td></td></tr>
<tr><td>자질</td><td>영유아 존중, 책임감, 인성, 열의</td><td>5</td><td></td></tr>
<tr><td>관계형성</td><td>실습지도교사와의 관계, 동료실습생과의 관계</td><td>5</td><td></td></tr>
<tr><td rowspan="2">보육활동 계획과
실행
(30점)</td><td>보육활동
계획</td><td>영역별, 반일(일일)보육활동 계획의 적합성과 충실한 준비</td><td>15</td><td></td></tr>
<tr><td>보육활동
실행</td><td>영역별, 반일(일일)보육활동의 효과적이고 적절한 실행 정도</td><td>15</td><td></td></tr>
<tr><td rowspan="3">예비보육
교사로서
역할수행(30점)</td><td colspan="2">영유아 행동 및 놀이 관찰, 보육환경 관찰</td><td>5</td><td></td></tr>
<tr><td colspan="2">보육일과 진행 보조와 일상생활지도</td><td>10</td><td></td></tr>
<tr><td colspan="2">영유아 상호작용과 놀이 참여</td><td>15</td><td></td></tr>
<tr><td>보육실습일지
작성(10점)</td><td colspan="2">구체적이고 충실한 보육실습일지 작성과 일일 자기평가 및 지도교사 평가 반영</td><td>10</td><td></td></tr>
<tr><td>총평(10점)</td><td colspan="2">실습기간 동안 예비 보육교사로서 향상 정도</td><td>10</td><td></td></tr>
<tr><td colspan="3">총 점</td><td>100</td><td></td></tr>
</table>

년　　월　　일

보육실습 지도교사 :　　　　(인)
어린이집 원　　장 :　　　　(인)

〈부록 2-8〉 보육실습비 영수증 예시

영 수 증

보육실습비 : 일금 만원 정(₩)

성 명 :

소 속 :

위 금액을 위 실습생의 보육실습비로 정히 영수함.

년 월 일

○○○어린이집 원장 직인

〈부록 2-9〉 보육실습 출근부 예시

보육실습생 출근부

학교명 : 학과명 : 보육교사교육원명 :		학번 : 이름 :
보육실습기관	어린이집 세 반	보육실습 지도교사 :
보육실습기간	20 . . ~ 20 . .	(총 주간)

	구 분	( )요일	( )요일	( )요일	( )요일	( )요일
1주	실습생	㊞	㊞	㊞	㊞	㊞
	지도교사	㊞	㊞	㊞	㊞	㊞
	날짜	월 일 : 부터 : 까지	월 일 : 부터 : 까지	월 일 : 부터 : 까지	월 일 : 부터 : 까지	월 일 : 부터 : 까지
2주	실습생	㊞	㊞	㊞	㊞	㊞
	지도교사	㊞	㊞	㊞	㊞	㊞
	날짜	월 일 : 부터 : 까지	월 일 : 부터 : 까지	월 일 : 부터 : 까지	월 일 : 부터 : 까지	월 일 : 부터 : 까지
3주	실습생	㊞	㊞	㊞	㊞	㊞
	지도교사	㊞	㊞	㊞	㊞	㊞
	날짜	월 일 : 부터 : 까지	월 일 : 부터 : 까지	월 일 : 부터 : 까지	월 일 : 부터 : 까지	월 일 : 부터 : 까지
4주	실습생	㊞	㊞	㊞	㊞	㊞
	지도교사	㊞	㊞	㊞	㊞	㊞
	날짜	월 일 : 부터 : 까지	월 일 : 부터 : 까지	월 일 : 부터 : 까지	월 일 : 부터 : 까지	월 일 : 부터 : 까지
5주	실습생	㊞	㊞	㊞	㊞	㊞
	지도교사	㊞	㊞	㊞	㊞	㊞
	날짜	월 일 : 부터 : 까지	월 일 : 부터 : 까지	월 일 : 부터 : 까지	월 일 : 부터 : 까지	월 일 : 부터 : 까지
6주	실습생	㊞	㊞	㊞	㊞	㊞
	지도교사	㊞	㊞	㊞	㊞	㊞
	날짜	월 일 : 부터 : 까지	월 일 : 부터 : 까지	월 일 : 부터 : 까지	월 일 : 부터 : 까지	월 일 : 부터 : 까지

※ 결석 · 지각 · 조퇴는 불가하며, 불가피할 경우 위의 기재된 보육실습 기간 중 법적 이수 시간(240시간)을 채운다.

참고문헌

경상남도교육청 유아교육원(2025). 2025학년도 유치원 평가 시행 계획.

교육과학기술부(2013). 4세 누리과정 교사용 지도서 제8권 우리나라. 서울 : 교육과학기술부.

교육부(2021). 2021년도 교원자격검정 실무편람. 세종 : 교육부.

______(2024). 세계 최고 영유아교육 · 보육을 위한 유보통합 실행 계획(안).

______(2025a). 2024 개정 표준보육과정 해설서. 세종 : 교육부.

______(2025b). 2024 보육통계. 세종 : 교육부.

______(2025c). 2025년 보육사업안내. 세종 : 교육부.

______(2025d). 2025년도 교원자격검정 실무편람. 세종 : 교육부.

교육부 · 보건복지부(2019a). 2019 개정 누리과정 해설서. 세종 : 교육부.

________________(2019b). 2019 개정 누리과정 놀이실행자료. 세종 : 교육부.

교육부 · 한국보육진흥원(2025). 2024 개정 어린이집 평가 매뉴얼. 서울 : 한국보육진흥원.

김정원 · 김유정(2020). 유아교과교육론. 서울 : 창지사.

박찬옥 · 최현정 · 노희연 · 김성숙(2020). 영유아교수방법론. 경기 : 양성원.

보건복지부(2020). 제4차 어린이집 표준보육과정 해설서. 세종 : 보건복지부.

_________(2021a). 2021년도 보육사업안내. 세종 : 보건복지부.

_________(2021b). 2020 보육통계. 세종 : 보건복지부.

_________(2022). 2021 보육통계. 세종 : 보건복지부.

_________(2023). 2022 보육통계. 세종 : 보건복지부.

_________(2024). 2023 보육통계. 세종 : 보건복지부.

보건복지부 · 한국보육진흥원(2017). 양성교육기관에서의 보육실습지도. 서울 : 한국보육진흥원.

________________________(2020a). 보육교사2급 자격 취득 교과목 표준교과개요. 서울 : 한국보육진흥원.

________________________(2020b). 2020 어린이집 평가 매뉴얼. 서울 : 한국보육진흥원.

부산광역시교육청(2016). THE 행복한 수업 만들기. 부산 : 부산광역시교육청.

양옥승 · 이은정 · 양유진(2021). 영유아교수학습방법. 경기 : 공동체.

염지숙 · 김혜선 · 김희태 · 김경희 · 이명순 · 서동미(2015). 영유아 교수-학습방법. 경기 : 정민사.
우영혜(2021). 미래 유아학교의 학급당 적정 유아 수. 제3차 KICCE 정책 토론회 자료(2021. 10. 22, 육아정책연구소 9층 대회의실).
이경화(2010). 유아교육기관 운영관리. 경기 : 공동체.
이미화 · 강은진 · 김은영 · 김길숙 · 엄지원(2016). 보육교사 양성과정 및 보육실습 매뉴얼 연구. 세종 : 보건복지부.
정아란(2019). 학교현장실습. 경기 : 공동체.
중앙육아종합지원센터(2020a). 제4차 어린이집 표준보육과정 놀면서 자란다(영아). 서울 : 중앙육아종합지원센터.
__________(2020b). 제4차 어린이집 표준보육과정 놀면서 자란다(유아). 서울 : 중앙육아종합지원센터.
한국고용정보원(2024). 중장기 인력수급 전망 2023~2033. 충북 : 한국고용정보원.
한국보육진흥원(2024). 2024 보육교사 자격기준 및 단체신청 방법 안내. 서울 : 한국보육진흥원.
함미영(2021). 미래교육을 위한 학급당 영유아 수. 제3차 KICCE 정책 토론회 자료(2021. 10. 22. 육아정책연구소 9층 대회의실).
황현주 · 신현정(2021). 영유아 교수학습방법론. 경기 : 양서원.

〈웹사이트〉

교육통계서비스 kess.kedi.re.kr
국가통계포털 kosis.kr
보육교직원 통합정보 chrd.childcare.go.kr
어린이집 정보공개포털 info.childcare.go.kr
유보통합포털 입소 · 입학 신청 enter.childinfo.go.kr
유치원 알리미 e-childschoolinfo.moe.go.kr
유치원입학관리시스템 www.go-firstschool.go.kr
임신육아종합포털 아이사랑 www.childcare.go.kr
지표누리 www.index.go.kr
i-누리 i-nuri.go.kr

저/자/약/력

■ **오정희**
동원과학기술대학교 유아교육과 교수

■ **신세니**
창원문성대학교 유아교육과 교수

■ **양혜련**
경남정보대학교 유아교육과 교수

[제2판]
예비 유아교사를 위한
현장실습 가이드북

|공저자| 오정희 · 신세니 · 양혜련

|1판 1쇄| 발행 2022년 3월 1일
|2판 1쇄| 발행 2025년 11월 25일

|발행인| 김동훈
|발행처| 공 동 체

|주소| 경기도 고양시 일산동구 호수로 358-39, 동문타워 I 905호(백석동)
|전화| 031) 814-3000(대표)
|팩스| 031) 814-3100
|홈페이지| www.compub.co.kr
|전자우편| compub@naver.com
|출판등록| 2005년 10월 6일
|등록번호| 제396-2005-36호

|ISBN| 979-11-6725-982-0
정가 18,000원